中外哲學典籍大全
總主編 李鐵映 王偉光
中國哲學典籍卷
佛道教哲學類

肇論新疏

〔元〕文才 著
夏德美 點校

中國社會科學出版社

圖書在版編目（CIP）數據

肇論新疏／（元）文才著；夏德美點校．—北京：中國社會科學出版社，2020.10

（中外哲學典籍大全．中國哲學典籍卷）

ISBN 978-7-5203-7255-8

Ⅰ.①肇…　Ⅱ.①文…②夏…　Ⅲ.①佛經②《肇論》—注釋　Ⅳ.①B944

中國版本圖書館 CIP 數據核字（2020）第 175756 號

出 版 人　趙劍英
项目统筹　王　茵
責任編輯　韓國茹
責任校對　趙　威
責任印製　王　超

出　　版　中国社会科学出版社
社　　址　北京鼓樓西大街甲 158 號
郵　　編　100720
網　　址　http://www.csspw.cn
發 行 部　010-84083685
門 市 部　010-84029450
經　　銷　新華書店及其他書店

印　　刷　北京君昇印刷有限公司
裝　　訂　廊坊市廣陽區廣增裝訂廠
版　　次　2020 年 10 月第 1 版
印　　次　2020 年 10 月第 1 次印刷

開　　本　710×1000　1/16
印　　張　13.5
字　　數　141 千字
定　　價　49.00 元

中外哲學典籍大全

學術委員會

「中國哲學典籍卷」

學術委員會

主　任　陳　來　趙汀陽　謝地坤　李存山　王　博

委　員（按姓氏拼音排序）

白　奚　陳壁生　陳　静　陳立勝　陳少明　陳衛平　陳　霞　丁四新　馮顔利

干春松　郭齊勇　郭曉東　景海峰　李景林　李四龍　劉成有　劉　豐　王中江

王立勝　吴　飛　吴根友　吴　震　向世陵　楊國榮　楊立華　張學智　張志强

鄭　開

項目負責人　張志强

提要撰稿主持人　劉　豐　趙金剛

提要英譯主持人　陳　霞

中外哲學典籍大全

總序

中外哲學典籍大全的編纂，是一項既有時代價值又有歷史意義的重大工程。

中華民族經過了近一百八十年的艱苦奮鬥，迎來了中國近代以來最好的發展時期，迎來了奮力實現中華民族偉大復興的時期。中華民族衹有總結古今中外的一切思想成就，才能並肩世界歷史發展的大勢。爲此，我們須編纂一部匯集中外古今哲學典籍的經典集成，爲中華民族的偉大復興、爲人類命運共同體的建設、爲人類社會的進步，提供哲學思想的精粹。

哲學是思想的花朵，文明的靈魂，精神的王冠。一個國家、民族，要興旺發達，擁有光明的未來，就必須擁有精深的理論思維，擁有自己的哲學。哲學是推動社會變革和發展的理論力量，是激發人的精神砥石。哲學解放思維，净化心靈，照亮前行的道路。偉大的時代需要精邃的哲學。

一　哲學是智慧之學

哲學是什麽？這既是一個古老的問題，又是哲學永恒的話題。追問哲學是什麽，本身就是「哲學」問題。從哲學成爲思維的那一天起，哲學家們就在不停追問中發展、豐富哲學的篇章，給出一個又一個答案。每個時代的哲學家對這個問題都有自己的詮釋。哲學是什麽，是懸疑在人類智慧面前的永恒之問，這正是哲學之爲哲學的基本特點。

哲學是全部世界的觀念形態，精神本質。人類面臨的共同問題，是哲學研究的根本對象。本體論、認識論、世界觀、人生觀、價值觀、實踐論、方法論等，仍是哲學的基本問題和生命力所在！哲學研究的是世界萬物的根本性、本質性問題。人們可以給哲學做出許多具體定義，但我們可以嘗試用「遮詮」的方式描述哲學的一些特點，從而使人們加深對何爲哲學的認識。

哲學不是玄虛之觀。哲學來自人類實踐，關乎人生。哲學對現實存在的一切追根究底、「打破砂鍋問到底」。它不僅是問「是什麽」（being），而且主要是追問「爲什麽」（why），特別是追問「爲什麽的爲什麽」。它關注整個宇宙，關注整個人類的命運，關注人生。它關心柴米油鹽醬醋茶和人的生命的關係，關心人工智能對人類社會的挑戰。哲學是對一切實踐經驗的理論升華，它關心具體現象背後的根據，關心人類如何會更好。

哲學是在根本層面上追問自然、社會和人本身，以徹底的態度反思已有的觀念和認識，從價值理想出發把握生活的目標和歷史的趨勢，展示了人類理性思維的高度，凝結了民族進步的智慧，寄託了人們熱愛光明、追求真善美的情懷。道不遠人，人能弘道。哲學是把握世界、洞悉未來的學問，是思想解放、自由的大門！

古希臘的哲學家們被稱爲「望天者」，亞里士多德在形而上學一书中説，「最初人們通過好奇—驚讚來做哲學」。如果説知識源於好奇的話，那麽産生哲學的好奇心，必須是大好奇心。這種「大好奇心」祇爲一件「大事因緣」而來，所謂大事，就是天地之間一切事物的「爲什麽」。哲學精神，是「家事、國事、天下事，事事要問」，是一種永遠追問的精神。

哲學不祇是思維。哲學將思維本身作爲自己的研究對象，對思想本身進行反思。哲學不是一般的知識體系，而是把知識概念作爲研究的對象，追問「什麽才是知識的真正來源和根據」。哲學的「非對象性」的思想方式，不是「純形式」的推論原則，而有其「非對象性」之對象。哲學之對象乃是不斷追求真理，是一個理論與實踐兼而有之的過程，是認識的精粹。哲學追求真理的過程本身就顯現了哲學的本質。天地之浩瀚，變化之奥妙，正是哲思的玄妙之處。

哲學不是宣示絶對性的教義教條，哲學反對一切形式的絶對。哲學解放束縛，意味著從一切思想教條中解放人類自身。哲學給了我們徹底反思過去的思想自由，給了我們深刻洞察未來的思想能力。哲學就是解放之學，是聖火和利劍。

哲學不是一般的知識。哲學追求「大智慧」。佛教講「轉識成智」，識與智相當於知識與哲學的關係。一般知識是依據於具體認識對象而來的、有所依有所待的「識」，而哲學則是超越於具體對象之上的「智」。

公元前六世紀，中國的老子説，「大方無隅，大器晚成，大音希聲，大象無形，道隱無名。夫唯道，善貸且成」。又説，「反者道之動，弱者道之用。天下萬物生於有，有生於無」。對道的追求就是對有之爲有、無形無名的探究，就是對天地何以如此的探究。這種追求，使得哲學具有了天地之大用，具有了超越有形有名之有限經驗的大智慧。這種大智慧、大用途，超越一切限制的籬笆，達到趨向無限的解放能力。

哲學不是經驗科學，但又與經驗有聯繫。哲學從其作爲學問誕生起，就包含於科學形態之中，是以科學形態出現的。哲學是以理性的方式、概念的方式、論证的方式來思考宇宙人生的根本問題。在亞里士多德那裏，凡是研究實體（ousia）的學問，都叫作「哲學」。而「第一實體」則是存在者中的「第一個」。研究第一實體的學問稱爲「神學」，也就是「形而上學」，這正是後世所謂「哲學」。一般意義上的科學正是從「哲學」最初的意義上贏得自己最原初的規定性的。哲學雖然不是經驗科學，却爲科學劃定了意義的範圍、指明了方向。哲學最後必定指向宇宙人生的根本問題，大科學家的工作在深層意義上總是具有哲學的意味，牛頓和愛因斯坦就是這樣的典範。

哲學不是自然科學，也不是文學藝術，但在自然科學的前頭，哲學的道路展現了；在文學藝術的山頂，哲學的天梯出現了。哲學不斷地激發人的探索和創造精神，使人在認識世界的過程中，不斷達到新境界，在改造世界中從必然王國到達自由王國。

哲學不斷從最根本的問題再次出發。哲學史在一定意義上就是不斷重構新的世界觀、認識人類自身的歷史。哲學的歷史呈現，正是對哲學的創造本性的最好説明。哲學史上每一位哲學家對根本問題的思考，都在爲哲學添加新思維、新向度，猶如爲天籟山上不斷增添一隻隻黄鸝翠鳥。

如果説哲學是哲學史的連續展現中所具有的統一性特徵，那麽這種「一」是在「多」個哲學的創造中實現的。如果説每一種哲學體系都追求一種體系性的「一」的話，那麽每種「一」的體系之間都存在着千絲相聯、多方組合的關係。這正是哲學史昭示於我們的哲學多樣性的意義。多樣性與統一性的依存關係，正是哲學尋求現象與本質、具體與普遍相統一的辯證之意義。

哲學的追求是人類精神的自然趨向，是精神自由的花朵。哲學是思想的自由，是自由的思想。

中國哲學，是中華民族五千年文明傳統中，最爲内在的、最爲深刻的、最爲持久的精神追求和價值觀表達。中國哲學已經化爲中國人的思維方式、生活態度、道德準則、人生追求、精神境界。中國人的科學技術、倫理道德，小家大國、中醫藥學、詩歌文學、繪畫書法、武術拳法、鄉規民俗，乃至日常生活也都浸潤着中國哲學的精神。華夏文化雖歷經磨難而能够透魄醒神，堅韌屹立，正是來自於中國哲學深邃的思維和創造力。

先秦時代，老子、孔子、莊子、孫子、韓非子等諸子之間的百家争鳴，就是哲學精神在中國的展現，是中國人思想解放的第一次大爆發。兩漢四百多年的思想和制度，是諸子百家思想在争鳴過程中大整合的結果。魏晋之際，玄學的發生，則是儒道冲破各自藩籬，彼此互動互補的結果，形成了儒家獨尊的態勢。隋唐三百年，佛教深入中國文化，又一次帶來了思想的大融合和大解放，禪宗的形成就是這一融合和解放的結果。兩宋三百多年，中國哲學迎來了第三次大解放。儒釋道三教之間的互潤互持日趨深入，朱熹的理學和陸象山的心學，就是這一思想潮流的哲學結晶。

與古希臘哲學强調沉思和理論建構不同，中國哲學的旨趣在於實踐人文關懷，它更關注實踐的義理性意義。中國哲學當中，知與行從未分離，中國哲學有着深厚的實踐觀點和生活觀點，倫理道德觀是中國人的貢獻。馬克思説，「全部社會生活在本質上是實踐的」，實踐的觀點、生活的觀點也正是馬克思主義認識論的基本觀點。這種哲學上的契合性，正是馬克思主義能够在中國扎根並不斷中國化的哲學原因。

「實事求是」是中國的一句古話。今天已成爲深邃的哲理，成爲中國人的思維方式和行爲基準。實事求是就是解放思想，解放思想就是實事求是。實事求是毛澤東思想的精髓，是改革開放的基石。只有解放思想才能實事求是。實事求是就是中國人始終堅持的哲學思想。實事求是就是依靠自己，走自己的道路，反對一切絶對觀念。所謂中國化就是一切從中國實際出發，一切理論必須符合中國實際。

二　哲學的多樣性

實踐是人的存在形式，是哲學之母。實踐是思維的動力、源泉、價值、標準。人們認識世界、探索規律的根本目的是改造世界，完善自己。哲學問題的提出和回答，都離不開實踐。馬克思有句名言：「哲學家們只是用不同的方式解釋世界，而問題在於改變世界！」理論只有成爲人的精神智慧，才能成爲改變世界的力量。

哲學關心人類命運。時代的哲學，必定關心時代的命運。對時代命運的關心就是對人類實踐和命運的關心。人在實踐中産生的一切都具有現實性。哲學的實踐性必定帶來哲學的現實性。哲學的現實性就是强調人在不斷回答實踐中各種問題時應該具有的態度。

哲學作爲一門科學是現實的。哲學是一門回答並解釋現實的學問，哲學是人們聯繫實際、面對現實的思想。可以説哲學是現實的最本質的理論，也是本質的最現實的理論。哲學始終追問現實的發展和變化。哲學存在於實踐中，也必定在現實中發展。哲學的現實性要求我們直面實踐本身。

哲學不是簡單跟在實踐後面，成爲當下實踐的「奴僕」，而是以特有的深邃方式，關注着實踐的發展，提升人的實踐水平，爲社會實踐提供理論支撑。從直接的、急功近利的要求出發來理解和從事哲學，無異於向哲學提出它本身不可能完成的任務。哲學是深沉的反思，厚重的智慧，事物的抽象，理論的把握。哲學是人類把握世界最深邃的理論思維。

哲學是立足人的學問，是人用於理解世界、把握世界、改造世界的智慧之學。「民之所好，好之，民之所惠，惠之。」哲學的目的是爲了人。用哲學理解外在的世界，理解人本身，也是爲了用哲學改造世界、改造人。哲學研究無禁區，無終無界，與宇宙同在，與人類同在。

存在是多樣的，發展是多樣的，這是客觀世界的必然。宇宙萬物本身是多樣的存在，多樣的變化。歷史表明，每一民族的文化都有其獨特的價值。文化的多樣性是自然律，是動力，是生命力。各民族文化之間的相互借鑒，補充浸染，共同推動著人類社會的發展和繁榮，這是規律。對象的多樣性、複雜性，決定了哲學的多樣性；即使對同一事物，人們也會産生不同的哲學認識，形成不同的哲學派别。哲學觀點、思潮、流派及其表現形式上的區别，來自於哲學的時代性、地域性和民族性的差异。世界哲學是不同民族的哲學的薈萃，如中國哲學、西方哲學、阿拉伯哲學等。多樣性構成了世界，百花齊放形成了花園。不同的民族會有不同風格的哲學。恰恰是哲學的民族性，使不同的哲學都可以在世界舞臺上演繹出各種「戲劇」。即使有類似的哲學觀點，在實踐中的表達和運用也會各有特色。

人類的實踐是多方面的，具有多樣性、發展性，大體可以分爲：改造自然界的實踐，改造人類社會的實踐，完善人本身的實踐，提升人的精神世界的精神活動。人是實踐中的人，實踐是人的生命的第一屬性。實踐的社會性决定了哲學的社會性，哲學不是脱離社會現實生活的某種遐想，而是社會現實生活的觀念形態，是文明進步的重要標誌，是人的發展水平的重要維度。哲學的發展狀况，反映着一個社會人的理性成熟程度，反映著這個社會的文明程度。

哲學史實質上是自然史、社會史、人的發展史和人類思維史的總結和概括。自然界是多樣的，社會是多樣的，人類思維是多樣的。所謂哲學的多樣性，就是哲學基本觀念、理論學説、方法的異同，是哲學思維方式上的多姿多彩。哲學的多樣性是哲學的常態，是哲學進步、發展和繁榮的標誌。哲學是人的哲學，哲學是人對事物的自覺，是人對外界和自我認識的學問，也是人把握世界和自我的學問。哲學的多樣性，是哲學的常態和必然，是哲學發展和繁榮的内在動力。一般是普遍性，特色也是普遍性。從單一性到多樣性，從簡單性到複雜性，是哲學思維的一大變革。用一種哲學話語和方法否定另一種哲學話語和方法，這本身就不是哲學的態度。

多樣性並不否定共同性、統一性、普遍性。物質和精神，存在和意識，一切事物都是在運動、變化中的，是哲學的基本問題，也是我們的基本哲學觀點！

當今的世界如此紛繁複雜，哲學多樣性就是世界多樣性的反映。哲學是以觀念形態表現出的現實世界。哲學的多樣性，就是文明多樣性和人類歷史發展多樣性的表達。多樣性是宇宙之道。

哲學的實踐性、多樣性，還體現在哲學的時代性上。哲學總是特定時代精神的精華，是一定歷史條件下人的反思活動的理論形態。在不同的時代，哲學具有不同的内容和形式，哲學的多樣性，也是歷史時代多樣性的表達。哲學的多樣性也會讓我們能够更科學地理解不同歷史時代，更爲内在地理解歷史發展的道理。多樣性是歷史之道。

哲學之所以能發揮解放思想的作用，在於它始終關注實踐，關注現實的發展；在於它始終關注著科學技術的進步。哲學本身没有絶對空間，没有自在的世界，只能是客觀世界的映象，觀念形態。没有了現實性，哲學就遠離人，就離開了存在。哲學的實踐性，説到底是在説明哲學本質上是人的哲學，是人的思維，是爲了人的科學！哲學的實踐性、多樣性告訴我們，哲學必須百花齊放、百家争鳴。哲學的發展首先要解放自己，解放哲學，就是實現思維、觀念及範式的變革。人類發展也必須多途並進，交流互鑒，共同繁榮。采百花之粉，才能釀天下之蜜。

三　哲學與當代中國

中國自古以來就有思辨的傳統，中國思想史上的百家争鳴就是哲學繁榮的史象。哲學是歷史發展的號角。中國思想文化的每一次大躍升，都是哲學解放的結果。中國古代賢哲的思想傳承至今，他們的智慧已浸入中國人的精神境界和生命情懷。

中國共産黨人歷來重視哲學，毛澤東在一九三八年，在抗日戰争最困難的條件下，在延安研究哲學，創作了實踐論和矛盾論，推動了中國革命的思想解放，成爲中國人民的精神力量。

中華民族的偉大復興必將迎來中國哲學的新發展。當代中國必須有自己的哲學，當代中國的哲學必須要從根本上講清楚中國道路的哲學道理。中華民族的偉大復興必須要有哲學的思維，必須要有不斷深入的反思。發展的道路，就是哲思的道路，文化的自信，就是哲學思維的自信。哲學是引領者，可謂永恒的「北斗」，哲學是時代的「火焰」，是時代最精緻最深刻的「光芒」。從社會變革的意義上説，任何一次巨大的社會變革，總是以理論思維爲先導。理論的變革，總是以思想觀念的空前解放爲前提，而「吹響」人類思想解放第一聲「號角」的，往往就是代表時代精神精華的哲學。社會實踐對於哲學的需求可謂「迫不及待」，因爲哲學總是「吹響」這個新時代的「號角」。「吹響」中國改革開放之

「號角」的，正是「解放思想」「實踐是檢驗真理的唯一標準」「不改革死路一條」等哲學觀念。「吹響」新時代「號角」的是「中國夢」，「人民對美好生活的向往，就是我們奮鬥的目標」。發展是人類社會永恒的動力，變革是社會解放的永遠的課題，思想解放，解放思想是無盡的哲思。中國正走在理論和實踐的雙重探索之路上，搞探索没有哲學不成！

中國哲學的新發展，必須反映中國與世界最新的實踐成果，必須反映科學的最新成果，必須具有走向未來的思想力量。今天的中國人所面臨的歷史時代，是史無前例的。十三億人齊步邁向現代化，這是怎樣的一幅歷史畫卷！是何等壯麗、令人震撼！不僅中國歷史上亘古未有，在世界歷史上也從未有過。當今中國需要的哲學，是結合天道、地理、人德的哲學，是整合古今中西的哲學，只有這樣的哲學才是中華民族偉大復興的哲學。

當今中國需要的哲學，必須是適合中國的哲學。無論古今中外，再好的東西，也需要再吸收，再消化，必須要經過現代化和中國化，才能成爲今天中國自己的哲學。哲學是解放人的，哲學自身的發展也是一次思想解放，也是人的一个思維升華、羽化的過程。中國人的思想解放，總是隨著歷史不斷進行的。歷史有多長，思想解放的道路就有多長；發展進步是永恒的，思想解放也是永無止境的，思想解放就是哲學的解放。

習近平説，思想工作就是「引導人們更加全面客觀地認識當代中國、看待外部世界」。這就需要我們確立一種「知己知彼」的知識態度和理論立場，而哲學則是對文明價值核心最精練和最集中的深邃性表達，有助於我們認識中國、認識世界。立足中國、認識中國，需要我們審視我們走過的道路，立足中國、認識世界，需要我們觀察和借鑒世界歷史上的不同文化。中國「獨特的文化傳統」、中國「獨特的歷史命運」、中國「獨特的基本國情」，「決定了我們必然要走適合自己特點的發展道路」。一切現實的，存在的社會制度，其形態都是具體的，都是特色的，都必須是符合本國實際的。抽象的制度，普世的制度是不存在的。同時，我們要全面客觀地「看待外部世界」。研究古今中外的哲學，是中國認識世界、認識人類史，認識自己未來發展的必修課。今天中國的發展不僅要讀中國書，還要讀世界書。不僅要學習自然科學、社會科學的經典，更要學習哲學的經典。當前，中國正走在實現「中國夢」的「長征」路上，這也正是一條思想不斷解放的道路！要回答中國的問題，解釋中國的發展，首先需要哲學思維本身的解放。哲學的發展，就是哲學的解放，這是由哲學的實踐性、時代性所決定的。哲學無禁區、無疆界。哲學是關乎宇宙之精神，是關乎人類之思想。哲學將與宇宙、人類同在。

四　哲學典籍

中外哲學典籍大全的編纂，是要讓中國人能研究中外哲學經典，吸收人類精神思想的精華；是要提升我們的思維，讓中國人的思想更加理性、更加科學、更加智慧。

中國有盛世修典的傳統。中國古代有多部典籍類書（如「永樂大典」「四庫全書」等），在新時代編纂中外哲學典籍大全，是我們的歷史使命，是民族復興的重大思想工程。

只有學習和借鑒人類精神思想的成就，才能實現我們自己的發展，走向未來。中外哲學典籍大全的編纂，就是在思維層面上，在智慧境界中，繼承自己的精神文明，學習世界優秀文化。這是我們的必修課。

不同文化之間的交流、合作和友誼，必須達到哲學層面上的相互認同和借鑒。哲學之間的對話和傾聽，才是從心到心的交流。中外哲學典籍大全的編纂，就是在搭建心心相通的橋樑。

我們編纂這套哲學典籍大全，一是中國哲學，整理中國歷史上的思想典籍，濃縮中國思想史上的精華；二是外國哲學，主要是西方哲學，吸收外來，借鑒人類發展的優秀哲學成果；三是馬克思主義哲學，展示馬克思主義哲學中國化的成就；四是中國近現代以來的哲學成果，特别是馬克思主義在中國的發展。

編纂這部典籍大全，是哲學界早有的心願，也是哲學界的一份奉獻。中外哲學典籍大全總結的是書本上的思想，是先哲們的思維，是前人的足迹。我們希望把它們奉獻給後來人，使他們能够站在前人肩膀上，站在歷史岸邊看待自己。

中外哲學典籍大全的編纂，是以「知以藏往」的方式實現「神以知來」；中外哲學典籍大全的編纂，是通過對中外哲學歷史的「原始反終」，從人類共同面臨的根本大問題出發，在哲學生生不息的道路上，綵繪出人類文明進步的盛德大業！

發展的中國，既是一個政治、經濟大國，也是一個文化大國，也必將是一個哲學大國、思想王國。人類的精神文明成果是不分國界的，哲學的邊界是實踐，實踐的永恒性是哲學的永續綫性，打開胸懷擁抱人類文明成就，是一個民族和國家自强自立，始終伫立於人類文明潮頭的根本條件。

擁抱世界，擁抱未來，走向復興，構建中國人的世界觀、人生觀、價值觀、方法論，這是中國人的視野、情懷，也是中國哲學家的願望！

李鐵映

二〇一八年八月

「中國哲學典籍卷」

序

中國古無「哲學」之名，但如近代的王國維所說，「哲學爲中國固有之學」。「哲學」的譯名出自日本啓蒙學者西周，他在一八七四年出版的百一新論中說：「將論明天道人道，兼立教法的philosophy譯名爲哲學。」自「哲學」譯名的成立，「philosophy」或「哲學」就已有了東西方文化交融互鑒的性質。

「philosophy」在古希臘文化中的本義是「愛智」，而「哲學」的「哲」在中國古經書中的字義就是「智」或「大智」。孔子在臨終時慨嘆而歌：「泰山壞乎！梁柱摧乎！哲人萎乎！」（史記孔子世家）「哲人」在中國古經書中釋爲「賢智之人」，而在「哲學」譯名輸入中國後即可稱爲「哲學家」。

哲學是智慧之學，是關於宇宙和人生之根本問題的學問。對此，中西或中外哲學是共同的，因而哲學具有世界人類文化的普遍性。但是，正如世界各民族文化既有世界的普遍性，也有民族的特殊性，所以世界各民族哲學也具有不同的風格和特色。如果説「哲學」是個「共名」或「類稱」，那麼世界各民族哲學就是此類中不同的「特例」。這是哲學的普遍性與多樣性的統一。

在中國哲學中，關於宇宙的根本道理稱爲「天道」，關於人生的根本道理稱爲「人道」，中國哲學的一個貫穿始終的核心問題就是「究天人之際」。一般説來，天人關係問題是中外哲學普遍探索的問題，而中國哲學的「究天人之際」具有自身的特點。

亞里士多德曾説：「古今來人們開始哲學探索，都應起於對自然萬物的驚異……這類學術研究的開始，都在人生的必需品以及使人快樂安適的種種事物幾乎全都獲得了以後。」「這些知識最先出現於人們開始有閒暇的地方。」這是説的古希臘哲學的一個特點，是與當時古希臘的社會歷史發展階段及其貴族階層的生活方式相聯繫的。與此不同，中國哲學是產生於士人在社會大變動中的憂患意識，爲了求得社會的治理和人生的安頓，他們大多「席不暇暖」地周遊列國，宣傳自己的社會主張。這就決定了中國哲學在「究天人之際」

中首重「知人」，在先秦「百家争鳴」中的各主要流派都是「務爲治者也，直所從言之異路，有省不省耳」（史記太史公自序）。

中國哲學與其他民族哲學所不同者，還在於中國數千年文化一直生生不息而未嘗中斷，中國文化在世界歷史的「軸心時期」所實現的哲學突破也是采取了極温和的方式。這主要表現在孔子的「祖述堯舜，憲章文武」，删述六經，對中國上古的文化既有連續性的繼承，又經編纂和詮釋而有哲學思想的突破。因此，由孔子及其後學所編纂和詮釋的上古經書就以「先王之政典」的形式不僅保存下來，而且在此後中國文化的發展中居於統率的地位。

據近期出土的文獻資料，先秦儒家在戰國時期已有對「六經」的排列，「六經」作爲一個著作群受到儒家的高度重視。至漢武帝「罷黜百家，表章六經」，遂使「六經」以及儒家的經學確立了由國家意識形態認可的統率地位。漢書藝文志著録圖書，爲首的是「六藝略」，其次是「諸子略」「詩賦略」「兵書略」「數術略」和「方技略」，這就體現了以「六經」統率諸子學和其他學術。這種圖書分類經幾次調整，到了隋書經籍志乃正式形成「經、史、子、集」的四部分類，此後保持穩定而延續至清。

中國傳統文化有「四部」的圖書分類，也有對「義理之學」「考據之學」「辭章之學」和「經世之學」等的劃分，其中「義理之學」雖然近於「哲學」但並不等同。中國傳統文化沒有形成「哲學」以及近現代教育學科體制的分科，但是中國傳統文化確實固有其深邃的哲學思想，它表達了中華民族的世界觀、人生觀，體現了中華民族的思維方式、行爲準則，凝聚了中華民族最深沉、最持久的價值追求。

清代學者戴震說：「天人之道，經之大訓萃焉。」（原善卷上）經書和經學中講「天人之道」的「大訓」，就是中國傳統的哲學；不僅如此，在圖書分類的「子、史、集」中也有講「天人之道」的「大訓」，這些也是中國傳統的哲學。「究天人之際」的哲學主題是在中國文化上下幾千年的發展中，伴隨著歷史的進程而不斷深化、轉陳出新、持續探索的。

中國哲學首重「知人」，在天人關係中是以「知人」爲中心，以「安民」或「爲治」爲宗旨的。在記載中國上古文化的尚書皋陶謨中，就有了「知人則哲，能官人；安民則惠，黎民懷之」的表述。在論語中，「樊遲問仁，子曰：『愛人。』問知（智），子曰：『知人。』」（論語顏淵）「仁者愛人」是孔子思想中的最高道德範疇，其源頭可上溯到中國文化自上古以來就形成的崇尚道德的優秀傳統。孔子說：「未能事人，焉能事鬼？」「未知生，焉知死？」（論語先進）「務民之義，敬鬼神而遠之，可謂知矣。」（論語雍也）「智者知人」，在孔子的思想中雖然保留了對「天」和鬼神的敬畏，但他的主要關注點是現世的人生，是「仁者愛人」「天下有道」的價值取向，由此確立了中國哲學以「知人」爲中心的思想範式。西方現代哲學家雅斯貝爾斯在大哲學家一書中把蘇格拉底、佛陀、孔子和耶穌作爲「思想範式的創造者」，而孔子思想的特點就是「要在世間建立一種人道的秩序」，「在現世的可能性之中」，孔子「希望建立一個新世界」。

中國上古時期把「天」或「上帝」作爲最高的信仰對象，這種信仰也有其宗教的特殊性。如梁啓超所說：「各國之尊天者，常崇之於萬有之外，而中國則常納之於人事之中，此吾中華所特長也。……其尊天也，目的不在天國而在世界，受用不在未來（來世）而在現在（現世）。是故人倫亦稱天倫，人道亦稱天道。記曰：『善言天者必有驗於人。』此所以雖近於宗教，而與他國之宗教自殊科也。」由於中國上古文化所信仰的「天」不是存在於與人世生活相隔絕的「彼岸世界」，而是與地相聯繫（中庸所謂「郊社之禮，所以事上帝也」，朱熹中庸章句注：「郊，祀天；社，祭地。不言后土者，省文也。」），具有道德的、以民爲本的特點（尚書所謂「皇天無親，惟德是輔」，「天視自我民視，天聽自我民聽」，「民之所欲，天必從之」），所以這種特殊的宗教性也長期地影響著中國哲學對天人關係的認識。相傳「人更三聖，世經三古」的易經，其本爲卜筮之書，但經孔子「觀其德義而已」之後，則成爲講天人關係的哲理之書。四庫全书總目易類序說：「聖人覺世牖民，大抵因事以寓教……易則寓於卜筮。故易之爲書，推天道以明人事者也。」不僅易經是如此，而且以後中國哲學的普遍架構就是「推天道以明人事」。

春秋末期，與孔子同時而比他年長的老子，原創性地提出了「有物混成，先天地生」（老子二十五章），天地並非固有的，在天地產生之前有「道」存在，「道」是產生天地萬物的總根源和總根據。「道」內在於天地萬物之中就是「德」，「孔德之容，惟道是從」（老子二十一章），「道」與「德」是統一的。老子說：「道生之，德畜之，物形之，勢成之。是以萬物莫不尊道而貴德。道之尊，德之貴，夫莫之命而常自然。」（老子五十一章）老子的價值主張是「自然無爲」，而「自然無爲」的天道根據就是「道生之，德畜之……是以萬物莫不尊道而貴德」。老子所講的「德」實即相當於「性」，孔子所罕言的「性與天道」，在老子哲學中就是講「道」與「德」的形而上學。實際上，老子哲學確立了中國哲學「性與天道合一」的思想，而他從「道」與「德」推出「自然無爲」的價值主張，這就成爲以後中國哲學「推天道以明人事」普遍架構的一個典範。雅斯貝爾斯在大哲學家一書中把老子列入「原創性形而上學家」，他說：「從世界歷史來看，老子的偉大是同中國的精神結合在一起的。」他評價孔、老關係時說：「雖然兩位大師放眼於相反的方向，但他們實際上立足於同一基礎之上。兩者間的統一在中國的偉大人物身上則一再得到體現……」這裏所謂「中國的精神」「立足於同一基礎之上」，就是説孔子和老子的哲學都是爲了解決現實生活中的問題，都是「務爲治者也」。

在老子哲學之後，中庸説：「天命之謂性」，「思知人，不可以不知天」。孟子説：「盡其心者知其性也，知其性則知天矣。」（孟子盡心上）此後的中國哲學家雖然對天道和人性有不同的認識，但大抵都是講人性源於天道，知天是爲了知人。一直到宋明理學家講「天者理也」，「性即理也」，「性與天道合一存乎誠」。作爲宋明理學之開山著作的周敦頤太極圖説，是從「無極而太極」講起，至「形既生矣，神發知矣，五性感動而善惡分，萬事出矣」，這就是從天道講到人事，而其歸結爲「聖人定之以中正仁義而主靜，立人極焉」，這就是從天道、人性推出人事應該如何，「立人極」就是要確立人事的價值準則。可以説，中國哲學的「推天道以明人事」最終指向的是人生的價值觀，這也就是要「爲天地立心，爲生民立命，爲往聖繼絶學，爲萬世開太平」。在作爲中國哲學主流的儒家哲學中，價值觀又是與道德修養的工夫論和道德境界相聯繫。因此，天人合一、真善合一、知行合一成爲中國哲學的主要特點。

中國哲學經歷了不同的歷史發展階段，從先秦時期的諸子百家争鳴，到漢代以後的儒家經學獨尊，而實際上是儒道互補，至魏晋玄學乃是儒道互補的一個結晶；在南北朝時期逐漸形成儒、釋、道三教鼎立，從印度傳來的佛教逐漸適應中國文化的生態環境，至隋唐時期完成中國化的過程而成爲中國文化的一個有機組成部分；宋明理學則是吸收了佛、道二教的思想因素，返而歸於「六經」，又創建了論語孟子大學中庸的「四書」體系，建構了以「理、氣、心、性」爲核心範疇的新儒學。因此，中國哲學不僅具有自身的特點，而且具有不同發展階段和不同學派思想内容的豐富性。

一八四〇年之後，中國面臨着「數千年未有之變局」，中國文化進入了近現代轉型的時期。在甲午戰敗之後的一八九五年，「哲學」的譯名出現在黄遵憲的日本國志和鄭觀應的盛世危言（十四卷本）中。此後，「哲學」以一個學科的形式，以哲學的「獨立之精神，自由之思想」推動了中華民族的思想解放和改革開放，中、外哲學會聚於中國，中、外哲學的交流互鑒使中國哲學的發展呈現出新的形態，馬克思主義哲學在與中國的歷史文化傳統、中國具體的革命和建設實踐相結合的過程中不斷中國化而產生新的理論成果。中華民族的偉大復興必將迎來中國哲學的新發展，在此之際，編纂中外哲學典籍大全，中國哲學典籍第一次與外國哲學典籍會聚於此大全中，這是中國盛世修典史上的一個首創，對於今後中國哲學的發展、對於中華民族的偉大復興具有重要的意義。

李存山

二〇一八年八月

「中國哲學典籍卷」

出版前言

社會的發展需要哲學智慧的指引。在中國浩如煙海的文獻中，哲學典籍占據著重要地位，指引著中華民族在歷史的浪潮中前行。這些凝練著古聖先賢智慧的哲學典籍，在新時代仍然熠熠生輝。

收入我社「中國哲學典籍卷」的書目，是最新整理成果的首次發布，按照内容和年代分爲以下幾類：先秦子書類、兩漢魏晋隋唐哲學類、佛道教哲學類、宋元明清哲學類、近現代哲學類、經部（易類、書類、禮類、春秋類、孝經類）等，其中以經學類占多數。全本次整理皆選取各書存世的善本爲底本，制訂校勘記撰寫的基本原則以確保校勘品質。全套書采用繁體竪排加專名綫的古籍版式，嚴守古籍整理出版規範，並請相關領域專家多次審稿，整理者反復修訂完善，旨在匯集保存中國哲學典籍文獻，同時也爲古籍研究者和愛好者提供研習的文本。

文化自信是一個國家、一個民族發展中更基本、更深沉、更持久的力量。對中國哲學典籍進行整理出版，是文化創新的題中應有之義。中國社會科學出版社秉持「傳文明薪火，發時代先聲」的發展理念，歷來重視中華優秀傳統文化的研究和出版。「中國哲學典籍卷」樣稿已在二〇一八年世界哲學大會、二〇一九年北京國際書展等重要圖書會展亮相，贏得了與會學者的高度讚賞和期待。

點校者、審稿專家、編校人員等爲叢書的出版付出了大量的時間與精力，在此一並致謝。由於水準有限，書中難免有一些不當之處，敬請讀者批評指正。

趙劍英

二〇二〇年八月

本書點校説明

肇論新疏三卷，元代華嚴僧人文才撰。臺灣版卍續藏經第九十六册、大正藏第四十五册收録。本書以臺灣版卍續藏經爲底本，大正藏本參校。肇論部分參考張春波的肇論校釋（中華書局 2010 年版）。

文才（1241—1302），字仲華，出生於弘農楊氏，父輩開始遷居清水（今甘肅省清水縣）。佛祖歷代通載卷二十二、大明高僧傳卷二有傳。文才早年博覽群書，廣泛閲讀經史典籍，尤其精通理學。受具足戒後，四處聽講經論，被認爲盡得法藏華嚴學要義。他曾隱居成紀（今甘肅天水），築室植松，打算於此終老，時人稱其爲松堂和尚。奉元世祖詔，住持白馬寺。由於白馬寺歷來被認爲是中國佛教的發源地，文才因此被稱爲釋源宗主。元成宗即位後，在五臺山建大萬聖祐國寺，詔求天下名僧住持。經帝師迦羅斯巴推薦，文才被任命爲祐國寺開山第一代住持，有金印，署爲真覺國師。文才一生以發揚光大華嚴宗義爲己任，是元代少數專弘華嚴的名僧之一。現存著作有華嚴懸談詳略五卷、肇論略疏（即肇論新疏）三卷、肇論新疏遊刃三卷、惠燈集二卷。華嚴懸談詳略是專門傳播華嚴學的著作，介紹了唐代澄觀以來的華嚴教義。肇論新疏是以華嚴學解釋肇論的著作，肇論新疏遊刃是對肇論新疏所作注釋的進一步發揮。兩者的關係，類似於宋淨源中吳集解和中吳集解令模鈔的關係。

肇論是中國哲學史上的重要文本之一，是鳩摩羅什（344—413）得意弟子僧肇（384—414）以中國式的思辨對般若中觀學的深入闡釋和精彩發揮，是中印思想文化交流互鑒在哲學領域結出的豐碩果實，對中國佛教，乃至儒家、道教等中國傳統思想文化都産生了重要影響。歷代有造詣的學問僧都非常重視肇論，爲其作注釋疏解者，代不乏人。現存的注疏有陳慧達肇論疏三卷，唐元康肇論疏三卷，宋遵式注肇論疏六卷，曉月夾科肇論序注一卷，淨源肇論中吳集解三卷、肇論集解令模鈔二卷，悟初、道全集夢庵和尚釋肇論一卷，元文才肇論新疏三卷、肇論新疏遊刃三卷，明真界物不遷論辯解一卷，德清肇論略疏六卷等。

在現存肇論注疏中，文才肇論新疏具有以下特點：

一、站在華嚴宗立場，以華嚴學改造肇論。

陳代慧達肇論疏是現存最早的肇論注疏，作者没有明確的宗派意識，疏文忠實於肇論原文。唐代元康作爲三論宗學者，其肇論疏有明顯的三論宗思想，但三論學來源於關河舊學（鳩摩羅什及其弟子的學説），元康對肇論的理解也是比較準確的。宋代曉月爲臨濟宗禪師，與長水子璿（965—1038，淨源師）同門，其夾科肇論序注是對慧達序文所作的簡要注釋，具有重視華嚴學的傾向。遵式（一般誤認爲天臺宗慈雲遵式，現代學者已考證爲圓義遵式）宗派屬性不明，但其注肇論疏明言「習學華嚴大經，常覩清涼判釋；盡開五教，取法古師；權實之旨有歸，行解之門可向」（注肇論疏卷一）。宋代禪師夢庵釋肇論取材於遵式注疏，既反映了華嚴宗的影響，也摻雜了禪宗觀點。明代真界生平不詳，其物不遷論辯解是針對鎮澄物不遷正量論而作，認爲「真心不動」，這與華嚴宗的觀點比較一致。

在現存注疏中，明確站在華嚴宗立場解釋肇論的有淨源肇論中吴集解、肇論集解令模鈔，文才肇論新疏、肇論新疏遊刃，德清肇論略疏。淨源被稱爲宋代華嚴宗「中興教主」，其有關肇論的注釋帶有明顯的以華嚴改造肇論的意圖。作爲元代專弘華嚴的高僧，文才在解釋肇論時深受淨源影響，堅持用華嚴宗的心、理、事三範疇統攝整部肇論。但在很多具體觀點上，文才又認爲當時見到的雲庵達禪師、光瑶禪師和淨源法師的肇論注疏之作乃「醇疵紛錯，似有未盡乎論旨之妙夥矣」（肇論新疏）。德清是明代四大高僧之一，主張禪教融合，主要思想屬於華嚴宗和禪宗，其肇論略疏在很多地方采用了文才的觀點。可見，在以華嚴改造肇論方面，文才是承上啓下的人物。文才對於肇論的理解雖不符合肇論原義，却可以體現元代華嚴學的面貌和華嚴學在整個佛教思想中的運行。

二、采用「會意」方法，融會禪宗、儒家、道家的觀點詮釋肇論。

文才曾經指出：「學貴宗通，言欲會意，以意逆志，爲得之矣。語言文字糟粕之餘也，豈有餘味哉？……以記問自多，殊不知支離其知，穿鑿其見，愈惑多歧，不能冥會於道。聽其説適足以熟耳而已，豈能開人惠目乎？」（佛祖歷代通載卷二十二）他反對拘泥於經書文字，主張「會意」「宗通」，强調把握精神實質纔是學習、修行的目的。「會意」顯然與中國傳統思想中的「言以盡意」「得意忘言」等思想一致，「宗通」則是來自禪宗的思想。文才傳中，稱他的著作「皆内據佛經，外援儒老，托譬取類，其辭質而不華，簡而詣，取其達而已」（佛祖歷代通載卷二十二）。在肇論新疏中，我們可以看到文才多處采用「會意」方法，將華嚴基本理論賦予肇論。

夏德美

二〇一八年七月

目録

肇論新疏卷上

五臺大萬聖祐國寺開山住持、釋源大白馬寺宗主、
贈邽國公、海印開法大師、長講沙門　文才　述

始自好誦斯論，亦粗玩其辭，尚未能吮其理味以其心也。及隸樊川之興教，得雲庵達禪師疏，又數年應寧夏命，復獲唐光瑶禪師并有宋淨源法師二家註記。反復參訂，醇疵紛錯，似有未盡乎論旨之妙夥矣。且論之淵粹簡藴，見稱所自來。其辭文，其施辯，非深入實相踞樂説善巧之峯者，莫之爲之。予固以爲開方等之巨鑰，游性海之洪舟，運權小之均車，排異見之正説，真一乘師子吼之雅作。欲乎吾人之性學者，先著鞭於此。此而通，則大方之理弗虞而妙獲者矣。嗟呼！姚秦迄唐二百餘載，歷賢首、清涼、圭山賢聖之僧，皆援之以斷大義，獨不爲發揮其曲要以召方來，致令諸説鑿枘紛綸，莫知所以裁之之正。乃因暇日，謹摭諸先覺之説，别爲訓解，以授座下。媿夫迫於緣冗，每釋義引據，弗獲課虚細以討求。冀同衣同德之士，恕以荒斐，失而正之，可也。

肇論

肇即作者之名，論乃所作之法，人法合目，爲一部之都名也。以四論前後異出，又各宗一義，欲合爲一，不可偏目，乃復作宗本一章，冠於論首。但云肇論，宗釋皆屬。而言論者，謂假立賓主，決判甚深，往復推徵，示物修悟，故名爲論。然有二種：一者宗論，宗經立義，如起信、唯識等；二者釋論，但隨經解釋，如智論等。今此四論是初非後。

後秦長安釋僧肇作

通鑑說，符健〔一〕據關中，國號大秦；至符堅末年，姚萇篡立，亦號爲秦，故史家乃以前、後字別之。論主在後秦也。長安即今安西。釋謂釋迦，即僧之通姓，以如來姓釋迦氏故也。安公創式，遠叶阿含，千古遵依，迄今未替。僧肇即論主之諱。本傳略云：京兆人，歷觀經史，備盡墳籍。志好玄微，每以莊、老爲心要，故歎

〔一〕「符健」及此下「符堅」，底本與大正藏本均作「符」，今一般作「苻」。特此說明。

曰：「美則美矣，然其棲神冥累之方，猶未盡善。」後見舊維摩經，歡喜頂受，乃言始知所歸矣。因此出家，學善方等，兼通三藏。聞羅什在姑臧，自遠從之。什嗟賞無極。及什來長安，肇亦隨入。姚興敕令入逍遥園，詳定經論。所著四論，并註維摩經，及製諸經論序，並傳於世。作，猶製也，造也。義誠佛説，論自己爲，蓋作其辭而弗藴其義也。

宗本義

四論所崇曰宗，本謂根本，通法及義。法有通、别。通者，即實相之一心。中吴淨源法師云：「然兹四論，宗其一心。」然四論雖殊，亦各述此一心之義也。别者，即四論所宗各殊。所以爾者，非一心無以攝四法，非四法無以示一心，即一是四，即四是一。義謂義理，依前法體以顯義相，法通義通，法别義别。此中四段之義如其分齊，是下四論之所宗。據此非宗本無以統四論，非四論無以開宗本。以法爲本，所宗即本；以義爲本，本亦即義。若法義兩分，本屬法時，本之義也。

本無、實相、法性、性空、緣會，

此五名，諸經通有，義雖差殊，不越理事。今始終相躡，略而釋之：初謂緣會之事緣前元無，故云本無。無相之相，復云實相。即此實相是諸法性，故云法性。此性真空故，復云性空。復由性空之理不離於事，以理從事，復名緣會，謂因緣會集而有諸法，或名緣集、緣生等。皆意在法也。杜順和尚云：「離真理外，無片事可得。」

一義耳。

義依法顯，法既理事一源，義豈容殊？不可取於五名，計有五法，各是一義。此中以本從末，唯末非本，亦一義；攝末歸本，唯本非末，亦一義；若本末混融，際限不分，尤一義也。若對下「不遷」釋之：緣會，物也；本無等，理也。由一義故，即遷而不遷，所以爲下不遷論宗。

何則？

徵也。

一切諸法，緣會而生。

若色若心，因緣會集，而後生起。

緣會而生，則未生無有，緣離則滅。

初句躡前。因緣是因，諸法是果，因無果有，無有是處。此約前際。後句既法自緣生，有爲遷謝，因緣離散，諸法滅謝。此約後際。

如其真有，有則無滅。

真謂真實。若法實有，有應無滅。法既隨滅，知非真有。下論云：「夫有若真有，豈待緣而後有哉？」中觀云「法若實有，則不應無」等。

以此而推，故知雖今現有，有而性常自空。性常自空，故謂之性空。

即末顯本也。約前後際，觀現在法，既但緣集而生，豈待緣離然後方滅？以因緣非和，即今常離，即今亦滅。色即是空，其性本然，故即緣生是性空爾。清涼聖師云：「緣生無性，當體即真。」

性空故，故曰法性。

真空是諸法之性。

法性如是，故曰實相。

如是，謂空也。空無相故，故名實相。

實相自無，非推之使無，故名本無。

緣集之法，當體元空，如鏡像、谷響，不待推斥使令無之，即此實相爲本無也。下論云：「豈待宰割以求通哉？」此揀小乘析色名空。上列名則從本及末，此中推義則自末至本。然本末鎔融，非前非後，非一非異也。

言不有不無者，

諸經論中多明四句，謂有、無、亦有亦無、非有非無。依法表德，不出此四。又約破計遣謗亦有四句，謂非有、非無、非非有非非無、非亦有亦無。今所牒者，前之第四及後之初二句。所以偏牒此而明者，爲遣二見故，遮示中道故，令心無住故。爲下不真空論之宗。

不如同也有見常見之有，邪見斷見之無耳。

初約破計以釋。佛性論第三云：「一切諸見不出有無二種。由有見故，所以執常。於無見中，復有二種：一邪見，謂一切無因無果，並撥三世故；二斷見，謂唯有現在，不信未來故。」準此，因有生常，因無生邪、斷之二也，故論雙敘之。經中爲破此見而云「不有不無」。論敘云：不同計有之見，是常見之有，故云不有；不同計無之見，是邪見、斷見之無，故云不無。不如二言貫下邪、斷。

若以猶執也有爲有常也，則以無爲無斷也。有既不有，則無無也。

約起滅釋也。初二句明相因而起。但起一見，一見隨生，如見牛有角，謂兔無角等。故密嚴云：「要待於有法，而起於無見。」此所治之病也。後二句明相因而滅。苟治一見，一見隨亡。經中既云非有，故亦非無。故密嚴云：「有法本自無，無見何所待。」此能治之藥也。偉哉善巧！曲盡經旨。

夫不[二]存猶取也無以觀法者，可謂識法實相矣。是謂雖觀有而無所取相。

約觀行釋也。法即緣生諸法，謂從緣雖空，不可存無以觀。無則三學、六度與五逆、十惡空而無果。由非無故，一切法皆立也。不取相者，謂緣起雖有，亦不可取相以觀。取則有爲生滅，行何契真？由非有故，心不

〔二〕「不」，大正藏本作「欲」。

住相，建一功、立一德靡不合道。如斯見法，方識實相。實相之言在上，義屬於下，即中道佛性觀也。此中意趣無邊，不能繁敘，如涅槃及止觀等説。上三義釋名，前二離過，後一成行。

然則法相爲無相之相，聖人之心爲住無所住矣。

法相者，所觀之境，屬前實相也。既非有無，何有相狀？且對無住之心義言相爾，故云無相之相。聖人等者，能觀之心得無分別，俱名聖人。然地前修真如三昧者，亦許倣行雙照。有無名住，既不存無，又不取相，即住而無住也。性宗修人，雖具縛凡夫，苟有夙熏，誠可留心。今舉聖心，令人慕式也。

三乘等觀性空而得道也。性空者，謂諸法實相也。

等謂平等，道謂自乘菩提。所以約人辨者，恐疑實相之外，別有三乘異證，而不知三乘機器隨熏有差，所觀性空無異。故身子云「我等同入法性」，佛讚迦葉同一解脱。亦如三獸渡河，河無異水。

見法實相，故云正觀。若其異者，便爲邪觀。

正、邪二觀諸經通説，今約實相辨邪、正也。大論云：「除實相外，餘皆魔事。」

設二乘不見此理，則顛倒也。

此有二説：一則只是三乘中二乘。意云：設若小乘不見性空之理，則亦顛倒，不克果證。以二乘但見無常，不見於常，是顛倒故。此則大小形對，可説：小且尚耳，况大乘邪？二則前云三乘乃通教所被學法空者，故同觀實相爲正觀。今此二乘乃藏教所被愚法者。意云：設若愚法二乘，亦須觀性空之理而取證，若不見此理，則顛倒故不證。大疏破有教，引成實云：我今正明三藏中實義，實義即空。清涼鈔云：不可不見實義而得道也。以生空亦雙空之一分，又何太異？故前云等觀。

是以三乘觀法無異，但心有大小爲差耳。

所趣實相唯一，能趣根宜成異。器有廣狹，智有淺深，運有自他，進有迂直，證有單雙，此則差在於人，不在於法。

漚和般若者，大慧之稱名也也。

雙牒其名，通屬其體。智論第十八云：「摩訶般若，秦言大慧。」漚和者，此云方便。一念兼之，故名大慧。二乘孤慧獨穎，慧而非大。爲下般若一論之宗。

見法實相，謂之般若。能不形猶顯也證，漚和功也。

初二句明得名，由見實相，故名般若。後二句見而非證，直由大悲導智，令不證空，出二乘也。淨名云：「無方便慧縛，有方便慧解。」以無悲之智醉寂滅酒，墮無爲阬故。

適往也化衆生，謂之漚和。不染塵累去聲，般若力也。

亦初二句明得名，由化衆生，故名方便。後二句化而不染，復由大智導悲，令塵不染，異凡夫也。淨名云：「無慧方便縛，有慧方便解。」以無慧方便投愛見網，沒有相林故。塵，謂五欲塵境。累，謂生死過患。

然則般若之門觀空，漚和之門涉有。涉有而未始暫也迷虛，故常處居也有而不染。不厭棄也有而觀空，故觀空而不證。

承前以明不滯也。初二句約觀空有以分權實。涅槃爲空，生死爲有。後四句正顯不滯。以二智雙融之一心，觀空有無二之真諦，如觀色是有，色即空故，豈曾瞥然而迷性空？以不迷空，所以常居有境，塵不能染。下句反此可知。是謂二諦相符，二行相資，如車二輪，猶鳥二翼，翔空致遠，互缺無能。由空門出生死入涅槃，由有門建佛法化衆生。然理量無二、生涅一如故，不滯空而累有也。

是謂一念之力，權慧具矣！一念之力，權慧具矣！

念謂慧念。言一者，極少時也。權謂權智，即前方便。慧謂實智，即前般若。謂少時一念，二智俱備。再言之者，歎其智妙。

好思，歷然可解。

歷然者，謂理甚昭著，歷歷分明，可領解也。

泥洹盡諦者，

華梵雙出。古譯滅諦爲盡諦，盡義在下。此亦牒經而釋，爲下無名論之宗。

直結盡而已，

結謂一切結使，亦兼諸業，即集諦也。然約喻明，如世繩結，最難解理。

則生死永滅，故謂盡耳。

生死，苦諦也。連前即三雜染，亦名三障。此三種障更相由藉，能障涅槃。今約治道，總説云盡。若別説者，即十惡等業，信位能滅。惑有本末，本即根本不覺，末即枝末不覺。末中復有七類，謂三〔一〕細四麤。生死亦二，一分段，二變易。自地前三賢斷麤中麤，又復觀察學斷根本無明；自見道中至七地時，斷麤中細，爾時分段盡也。自八地至盡地，斷黎耶三細根本無明，爾時變易亦亡。以此論宗於一乘故，唯依起信釋之，細示如彼。

無復別有一盡處爾。

涅槃二十五云「涅槃之體，無有住處，直是諸佛斷煩惱處，故名涅槃」等，非如小乘以生死世間，涅槃出世間。大乘但轉此三即涅槃爾，豈別標其方域邪？故本論云「排方外之談」云云。何者？夫三德祕藏是大涅槃，但因翻此三障得名。謂惑能障於般若，惑盡而般若明；業能障於解脱，業亡而解脱朗；苦能障於法身，苦謝而法身顯。故此三德，但約障説，豈別有一盡處爾？又三德一體，不並不別。如梵伊字，雖四德圓常，恒沙義備，一心融拂，非相非名，尤可説云：無復別有一盡處爾。以此爲宗，無名已顯。

〔一〕「三」，底本作「二」，據大正藏本改。

物不遷論第一

物即緣會諸法，謂染淨、依正、古今、寒暑等。不遷即性空、實相等。以緣生之物本性即空，空即實相故，物物皆不遷也。今約終、頓二教之義，略示玄妙。初終教者，謂隨緣之理起成諸事，即事同真，故遷即不遷。此中曲有三門：一、以理從事，理亦隨遷，況事法邪？楞伽經略云：如來藏與因俱有生滅。又不增減經云「法身流轉五道」云云，皆此義也。二、以事從理，事且不遷，況真理邪？仁王經云：「煩惱菩提於第一義而無二故，諸佛如來與一切法悉皆如故。」楞伽又云：「五識身非流轉。」三、此二無礙，同時鎔融，非一非異，遷與不遷亦非前後，即涅槃娑羅娑鳥，淨名法無去來，常不住故，是也。清涼云：「因乖常理，遂成三界無常。苟悟無常之實，即無常常矣。」下論大義皆是此理。後頓教者，謂法法本真，妄見流動，若一念不生，前後際斷，法非生滅，非遷非不遷，仍名不遷也。華嚴云「一切法無生」云云。若依歸峯略鈔解，緣生之法相同徧計，似生似滅；性同圓成，不生不滅。亦終教意也。今此論中雙含二教，如下云「不釋動以求靜」云云，又云「目對真而莫覺」。

夫生死滅也交謝，寒暑迭互也遷，有物流動，人之常情。

將明遷即不遷之理，先陳迷倒不遷見遷之情，令忘情悟實也。初句舉所遷之法，通一切法。生來死謝，死至生亡，生滅相待，故云交也。次句舉能遷之時，通一切時，迭遷可知。有謂緣有。流動，遷也。後句中義兼凡外，亦正爲權小，以一形三，唯見無常，不見即常者，皆常情淺見也。

予[一]我也則謂之不然。

論主宗悟一乘，善入實相，欲導常情，故總斥之。

何者？

不許見遷，必有教理，故總徵之。

放光云：「法無去來，無動轉者。」

即彼經第七卷中云「諸法不動搖故，諸法亦不去，亦不來」等。法即緣集之物，以任持自體、軌生人解故。去來、動轉，遷也。既云皆無，不遷也。然實教了義多有此説，法華云：「世間相常住。」

尋夫不動之作，豈釋捨也動以求靜？必求靜於諸動。必求靜於諸動，故雖動而常靜；不釋動以求靜，故雖靜而不離動。

初句舉經，但解動靜，以例去來。動[二]即遷也，靜即不遷。豈釋下，會釋。次二句明不捨事動而求靜理。

[一]「予」，肇論校釋（中華書局）本作「余」。
[二]「動」，底本作「種」，據大正藏本改。

然動靜多體，且約心境略示。境者，真諦理性故靜，俗諦事法故動。二諦相即，故云不捨。意云：要證真諦之靜，不離俗動。心者，實智向真故靜，權智應俗故動。二智無礙，故亦不捨權動也。後四句躡前，以明即靜而動，亦通心境。以不捨事動而入靜，故正靜時正動。論中正唯理事，既云求靜不捨等，故兼二智。

然則動靜未始異，而惑者不同。

動靜本一，迷夫見異。世間與出世殊科，依計與圓成分處。

緣因也使真言滯於競諍也辯，宗理也途屈於好異，

真言謂了義言詮真實之教，宗途謂一乘宗途不遷之理。意云：動靜無二，了義所詮。三乘之人於無二法中而見兩異，保執權淺，不信無二之道，好異之心發言諍辯，因此使令了義滯而不行，宗途屈而不伸。正同圭峯大師云：「了義匿於龍藏。」敘此爲起論之由也。然四論之作皆由排異，何者？不真空明斥三家，般若論云：「然異端之論，紛然久矣。」涅槃論云：「今演論之作，寂彼廓然，排方外之談。」故知皆緣異見而作。

所以靜躁動也之極，未易言也。

競辨者衆，好異者多，故言之難。

何者徵也？夫談真則逆俗，順俗則違真。違真，故迷性而莫返皈也；逆俗，故言淡而無味。

初二句明逆順兩違。體乎不二名真，執乎兩異名俗。若順法談一，則逆乎常情好異之徒，此則法不應根

也；若順俗談異，則又違真一之法，此則根不達法也。後四句逆順皆失。謂莫二之真即性也，今既順俗談異常情，迷此真性不能歸於寶所；若談真則俗情不入，反謂言淡無味。老氏云：「道之出口，淡乎其無味。」

緣使中人未分於存亡，下士撫擊也掌而弗不也顧。

承前談真而來。意云：雖逆俗招無味之謗，只可談真使人返悟，不可順俗而令不入。上士聞真，勤而行之；中士聞真，若存若亡，疑信相半；下士聞真，則拍手大笑，反爲淡泊，不復顧慕。文出老書，故順而釋之。

近而不可知者，其唯物性乎！

初句事俗流動名近，即真不遷難知。後句屬體。

然不能自已止也，聊復寄真[一]心於動靜之際，豈曰必然！試論之曰：

然者，猶云雖然。中下疑笑，要使真言不滯，宗途大明，常情悟入，欲罷不能，略復依言，寄真一之心於動靜之際。未敢必是，但試爲論之，謙也。

道行云：「諸法本無所從來，去亦無所至。」中觀論云：「觀方知彼去，去者不至方。」

[一]「真」，肇論校釋（中華書局）本無。

雙引經論，立不遷之宗也。道行引其正文，卷當第十。諸法，即物也。本謂根本，亦元也。緣集而來，來何所從？緣離而去，去何所至？如善財問慈氏云：「此樓閣何處去邪？」答曰：「來處去也。」解云：欲明其去，先知其來。來不見源，去亦何所？譬如寒暑相代，寒自何來，暑於何去。是謂諸法如幻如化，當處出生，隨處滅盡。中觀下但義引彼觀〔一〕去來品，卷當第一。然論極深細，今略示之。方謂去處，彼即去者。論長行云：去法、去者、去處，是法皆相因待，不得言定有定無。是故決定知三法虛妄，空無所有，但有假名，如幻如化。此論之意，隨俗故知彼去，順真故不至方。

斯皆即動而求靜，以知物不遷明矣。

經論皆爾，於理何惑！釋動求靜，三乘之見也。

夫人之所謂動者，「以昔物」不至今，故曰動而非靜。我之所謂靜者，亦以昔物不至今，故曰靜而非動。動而非靜，以其不來；靜而非動，以其不去。

初三句常情倒見，後動而下二句出意。初句牒執，「以昔物」下出所以。「以見物」遷至昔，唯去不來，故云遷也。次三句舉悟，後「靜而」下二句出意。初句舉悟，「亦以」下出所以。昔物不至今，今物不去昔，有何動邪？今昔相待，其相本空。物在其中，無去無來。

〔一〕「観」，底本作「破」，據中論改。

然則所造（詣也）未嘗異，所見未嘗（曾也）同。逆之所謂塞，順之所謂通，

同見昔物不至今，而有遷、不遷之異。後二句，中吴淨源法師云：「惑者任情，逆性而塞；悟者任智，順物而通。」

苟得其道，復何滯哉？

淨源法師云：「若悟不遷之道，塞自去矣！」已上略明，大旨已顯，下又廣辨。

傷夫人情之惑也久矣，

無始無明有來至今，論主悲傷，迷而弗悟。

目對真而莫覺。既知往物而不來，而謂今物而可往。往物既不來，今物何所往？

初句汎責。真謂不遷也。賢首大師云：「實際居於目前，翻成名相之境。」次二句正責不覺之相。知其昔不來，却計今可往，迷也。後二句就示不遷。既知昔物不來，便可悟其今物不往。

何則？

徵也。

求（索也）向（昔也）物於向，於向未嘗無；責（求也）向物於今，於今未嘗有。於今未嘗有，以明物不來；於向未嘗無，故知物不去。

以古望今也。初四句中意云：就昔以求昔日之物，昔日元有此物。如昔有堯舜，今則無之。後四句躡前，成立不遷。此中今古，通目三世能遷之時。物者，所遷之物。雖舉能遷，意在所遷，故云物不來等。

復〔二〕反也**而求今，今亦不往。**

以今望古，不遷亦然，但互改向、今及來字可，故論但云今亦不往。

是謂昔物自在昔，不從今以至昔；今物自在今，不從昔以至今。

釋成不遷也。論旨以今昔相待，來去相形，緣體非真，諸相何立？常情爲相所轉，見有遷流。悟士了虛，當相寂滅，何有今昔之動，來去之遷？據此雖念念謝滅，亦念念不遷也。故大論第五云：「菩薩知諸法不生不滅，其性皆空。」予昔讀此，反復不入，及讀永明大師宗鏡録，至釋此論，疑滯頓消。故知論旨深隱，不可隨文作解。

故仲尼曰：「回也見新，交臂非故舊也。**」**

此文小變南華之文，彼云：「仲尼謂顏回曰：『吾終身與汝交一臂而失之，可不哀與？』」交臂二說：一云少選也，猶言掉臂之間已失矣。一云臂相執也。孔、顏交臂相執，皆令勿遷。然已遷去，豈能留之？故郭象解云：「夫變化不可執而留也。」論意變化密移，新新非舊，既唯見新，新不至故，豈有遷邪？

〔二〕「復」，肇論校釋（中華書局）本作「覆」。

如此，則物不相往來，明矣。既無往反之微朕，有何物而可動乎？

通結上文。初一句斷定不遷，後二句結成本義。尚無微朕之動，況有大者？

然則旋嵐偃仆也岳而常靜，江河競注而不流，野馬飄鼓動也而不動，日月歷經也天而不周，

連引四事。前三所遷之物，後一能遷之時，亦通於物，皆流動中至大者，至速者，而云常靜等，皆不遷爾。旋嵐，大風之名，此風起時，偃妙高岳〔一〕如腐草。江河，易見。野馬者，南華云「野馬，塵埃〔二〕也」，或云白駒游氣，亦運動中駛埃者。日月，於晝夜中周四天下。此皆常靜，不流不動，以妄見非真，緣生相假，苟達兩虛，萬物頓寂也。

復何恠哉？

情計之流，執妄爲實，聞四不遷，良可恠誕。達觀體物，至動不動，亦常理也，將何恠異！上明不遷，文旨已備。此下約教會違。會有內外，如文。

噫！聖人有言曰：人命逝往也速，速於川流。

潸，妨也。噫，心不平而恨聲也。梵網云：「人命無常，過於山水。」諸經多有。意云：若物不遷，豈非

〔一〕「岳」，大正藏本作「猶」。
〔二〕「野馬塵埃」，底本作「野塵馬埃」，據大正藏本改。

違此説邪？

是以聲聞悟非無也常以成道，緣覺覺緣離以即真。苟萬動而非化迁也，豈尋化以階進也道？

初二句舉行人。聲謂聲教，聞教悟理，修無常等行，證成四果。緣謂緣起，觀緣而覺，離緣起之有爲，進五果之妙道。後二句辯違。若云不遷，豈彼二人稟無常之教，修無常之行而得道果邪？

復[一]尋聖言，微隱難測。若動而靜，似去而留。

通前違妨也。復謂研復，聖言即前無常教也。微隱難測者，以言權旨實故，涅槃名爲密語，大乘智臣善識密意。意謂雖談無常，亦密顯真常，不可守言，一向作無常解也，以二法相待，有此定有彼故。「若動」下，出難測所以。若説即無常之動是真常之靜，似説一人即去而元不去也，難測在此。

可以神會，難以事求。

此理幽微，只可神而明之，妙識佛意，不必隨識依言定旨。事謂情識及言教也。楞伽經中大慧示疑，佛亦會釋。故法四依中，但令依義不依文、依智不依識也。生公反教而談理，千古希聲；肇公賤事而貴神，百世準式。然唯上智，中、下不可。

[一]「復」，肇論校釋（中華書局）本作「覆」。

是以言去不必去，閑防也人之常想；稱住不必住，釋解也人之所謂執也往耳。豈曰去而可遣迁也，住而可留邪？

既貴神賤事，只可捨文會旨。經說無常，不必說物遷去，但是防凡夫之人著常之想；經說常住，未必說物不遷，但解二乘計無常爾。此之二說，本皆破倒，倒情既遣，萬物非遷非不遷也。涅槃初分大有此說。善哉論主，實曰智臣矣！後二句正明捨文。豈可聞說無常，便謂萬物遷去；聞說常住，便計萬化常留？

故成具云：「菩薩處計常之中，而演非常之教。」故摩訶衍論云：「諸法不動，無去來處。」

雙引經論，各證一事。引成具，經中既云，菩薩爲破衆生常計而演無常之教，證前閑人之常想。智度論中諸法不動，以證釋人之所謂往。皆對治悉檀，非第一義。

斯皆導達悟也群方類也，兩言一會，豈曰文殊而乖其致旨也哉？

若經若論，皆是引悟衆生之典。而經說去，論言住，兩言在文實異。然經本破常，物不必去；論本顯真，物不必留。所以云一會，在旨不乖。

是以言常而不住，稱去而不遷。不遷，故雖往而常靜；不住，故雖靜而常往。雖靜而常往，故往而弗遷；雖往而常靜，故靜而弗留矣。

初二句中，經論隨計破著，說遷、不遷，物不必然也。次四句躡前，已明遷而不遷，不遷而遷。後四句復躡前〔二〕，已明遷即不遷，不遷即遷，故非重也。所以不會二乘者，以二乘但稟無常之教而修，故唯會教人可悟也。

然則莊生之所以藏山，仲尼之所以臨川，

此會外典之違也。大〔三〕宗師略云：夫藏舟於壑，藏山於澤，謂之固矣。然而夜半有力者負之而走，昧者不知。若直解者，如人藏山於深澤，以謂牢固，力大者得之，於夜半中背負而趍，彼藏山者不覺不知。此寓言也，以譬造化之力遷負周密，雖天地之大，萬物之廣，未嘗不負之而走也。夜半以喻冥理也。古人云：「變化之道挾日月而行，負天地而走。」此亦正同四梵志藏身山海，時至皆化。「仲尼」下，論語文：「孔子臨於川上，歎曰：『逝者如斯夫，不舍晝夜。』」意云：新新之化，往者過而來者紀，無一息之停。如斯，指水也。二典皆言物遷，如何會通？

斯皆感往者之難留，豈曰排遣也**今而可往？**

二典皆感往物難留至今，非說今物排去，以明即遷而不遷爾。巧攝儒道，故類會之。

是以觀聖人心者，不同人之所見得也。

〔二〕「前」，底本無，據大正藏本補。
〔三〕底本作「太」，據莊子改。

孔子域中之聖，莊周達觀之賢。賢聖之人所見所得，人難盡之，不可隨文只作無常之解。

何者？

徵也。

人則謂少壯同體，百齡(年也)一質(體也)，徒(虛也)知年往，不覺形隨。

此出凡情見淺也。但見年去，不知形亦隨變，少壯既殊，百年形異，執乎一體，誠爲倍迷。若知少壯不互有，年年不相到，隨遇隨空，何有遷邪？

是以梵志出家，白首而歸，隣人見之曰：「昔人尚存乎？」梵志曰：「吾猶昔人，非昔人也。」隣人皆愕然，非其言也。

此以外事，故類證爾。梵志解遷中不遷如孔、莊，隣人非之如凡淺。西域淨行梵志十五遊學，三十歸娶，五十入山。今言出家，謂入山也。白髮復歸，隣人以常情問之云：「昔人尚在邪？」見今問昔，亦已悞矣。故梵志答之：「但似昔人。豈今之新吾是昔之故吾哉？」隣人不達隨變之理，執今白首是昔朱顏。

所謂有力者負之而趍，昧者不覺，其斯之謂歟？

源云：「負之而趍，猶老少形變；昧者不覺，猶人愕然。」

是以如來因群情之所滯，則(準也)方(正也)言以辨惑；乘(憑也)莫二之真心，吐不一之殊教。乖而不可異者，其唯聖言乎！故談真有不遷之稱，導俗有流動之説，雖復千途異唱，而會歸同致矣。

初至聖言乎等者，通辨諸教文異旨同。故談下，結成一致。衆生流滯於生死，根行樂欲種種差殊，故如來觀機演教，依準正理之言以解凡惑。依一真法界，流十二分教，若小若大，或權或實，八萬度門，恒沙佛法，故不一也。梵網云：「世界無量，教門亦爾。」雖乃差殊，其旨無異。原佛本意，亦唯一事。故不可文殊令旨亦差。

而徵索也文者聞不遷，則謂昔物不至今；聆听也流動者，而謂今物可至昔。

隨聲取義之士，滯於一偏，不達圓音。故再舉今昔以示之，令不泥教。

既曰古今，而欲遷之者，何也？

古今不可互指，不遷已明。能分古今之異，却欲遷之，何故？

是以言往不必往，古今常存，以其不動；稱去不必去，謂不從今至古，以其不來。不來，故不馳騁於古今；不動，故性各〔二〕住於一世。

〔二〕「性各」，肇論校釋（中華書局）本作「各性」。

初有六句，不壞古今之相，非去非來，以明不遷。然三三兩分，皆初句標，次句釋，後句出不遷所以。以古不來今，知今不去古也。「不來」下，四句結成。古今之相，隨性而各住自位，皆不遷也。馳騁，趍走貌。

然則群籍殊文，百家異説，苟得其會，豈殊文之能惑哉？

初二句舉教異。群籍目聖教，百家屬師宗。後二句明文異旨同。然上所會，且約動靜常無常等會釋。以此例諸，法法皆然。是故經中或説苦等四妄，彰權隱實；或説常等四真，彰實隱權。如是會通，異門一道。且藥分千品，愈病無殊；教海萬方，悟心何異？苟封文迷旨，字字瘡疣；得意忘言，物物合道。自此以下，唯就於時以明不遷，意謂能遷古今三世之時尚且不遷，況所遷之物而有遷邪？

是以人之所謂住，我則言其去；人之所謂去，我則言其住。然則去住雖殊，其致一也。

謂凡情偏解，知住迷去，知去迷住；圓見之人一法雙了。特由迷悟雲泥故，去住相反。

故經云：「正言似反，誰當信者？」斯言有由矣！

言似相反，旨意常順，如前住去。

何者？

徵也。

人則求古於今，謂其不住；吾則求今於古，知其不去。

執遷之者求古於今，見今無古，故云遷也。悟者求今於古，見古無今，故今不去也。

今若至古，古應有今；古若至今，今應有古。

文通二對，皆上句舉執，下句出違。若古今互遷，亦應互有。然執者但執今去古，不執古來今。今亦云者，但例説爾。

今而無古，以知不來；古而無今，以知不去。若古不至今，今亦不至古，事（物也）各性住於一世，有何物而可去來？

初四句承前互無，知不來去。若古下，復躡不來不去，以成不遷。

然則四象風馳，璿[一]璣電卷，得意毫微，雖速而不轉。

四象即四時，奔馳之疾如風也。璿、璣即北斗二星之名，今通因北斗，以繞辰而轉，晝夜周天，速如電卷。舉此四時晝夜，該攝一切，乃遷運中最速疾者。毫微謂毫毛，微細也。源云：「苟得不遷之意在於毫微，雖四象等亦不轉移也。」源師之意，如能悟毫微不遷之意，雖至遷亦不遷也。此解最正。如遠公云：「一毫涉動境，成此頽山勢。迷既一毫而成大，悟亦毫微而見理。」此中且舉悟涯，初涉尚見不遷，況大達邪？

[一]「璿」，肇論校釋（中華書局）本作「璇」。

是以如來功流萬世而常存，道通百劫而彌固堅也。

初句利他之因。積劫化生，故云萬世。次句自利之行。三祇修煉，故云百劫。常存、彌固，二行皆不遷也。歷萬世之久常存，通百劫之長益固。問：經説過去已滅，何故二行堅存邪？答：

成山假就於始簣，修途託至於初步，

此中二喻，喻因不化。初句，論語云：「譬如爲山，雖覆一簣，進云云。」簣，土籠也，意以山喻果。假就者，假初一簣而山成就。始簣喻初因也。積土成山，山成而初功益著；運行招果，果圓而先因尤存。後句，老氏云：「千里之行，始於足下。」託至者，仗初步而得至於千里。亦以千里喻果，初步喻因也。由初至千，千里至而初步不化；由行證果，果道圓而初因恒明。二喻事異義同，通喻二行。但舉初者，以例中間。大疏説因果無礙，云：「如來毛孔現往昔因事。」圓覺淨業章云：「覩見調御歷恒沙劫勤苦境界云云。」前問約泯相顯性，故云已滅。論約即事同真門，故云不化。各據一理也。

果以功業不可朽故也。功业不可朽〔一〕，故雖在昔而不化。不化故不遷，不遷故則湛然明矣。

真流之行，行行契真。果位反觀，愈見不朽。若住相之行，力盡而墜矣。湛謂凝湛不動之貌。餘可知。

〔一〕「功業不可朽」，大正藏本無。

故經云：「三灾彌淪，而行業湛然。」信其言也！

三灾者，火、水、風也。三灾雖酷，安能焦爛於虚空？劫海縱遥，何以遷淪於實行？彌淪者，清涼云：「周遍包羅之義。」謂三灾雖壞一切，不能壞於因行，亦以契真故也。

何者？果不俱（兼也）因，因（由也）因而果。因因而果，因不昔滅；果不俱因，因不來今。不滅不來，則不遷之致明矣。

初句中果極至得，因在應得，二位相遠，故不俱也。次句果由因得故，次二句躡示不去，次二句躡示不來，後二句釋成不遷。雖舉果顯因，亦即合於性空，故不遷也。問：前通會諸法，因亦在其中矣，何故别舉其因再明之邪？答：深有所以。恐進行之人謂所修隨化，勞而無功，故舉如來果身由昔因感，果在因存，豈唐捐乎？如童子熟書，非不由生而至於熟。書熟之時，前功尤顯。隨相之行，熏引尚爾，況無相之行乎？所以不辨果不遷者，因且不遷，況夫果道？是故佛果有爲無爲，非一非異，吾今此身即是常身。

復何惑於去留，踟蹰於動静之間者〔二〕哉？

惑，不達也。踟蹰，將進將退之貌，疑也。如上教理成立，不遷極明，更何惑於即事之中道邪？

〔二〕「者」，肇論校釋（中華書局）本無。

然則乾坤倒覆，無謂不靜；洪流滔天，無謂其動。

無謂，戒止之辭。倒覆，崩墜也。天地雖大，亦緣集之法，容可傾覆。以性空故，亦即清寧。千門異說，不出宗意。

苟能契神於即物，斯不遠而可知矣！

苟能以神妙心智，即於緣生遷化物中，而了不遷之理。物既在近，理亦非遠。反顯捨物求之，去理轉遠。清涼云：「至趣非遠，心行得之則甚深。」下論云觸事而真等。

不真空論第二

一切諸法無自性生，資緣而起，起而非真，如幻如夢，當體空也。故下云：「待緣而有，有非真有。」又云：「萬物非真，假號久矣。」皆明不真也。又云：「即萬物之自虛，色即是空。」皆明空也。又云：「寢疾有不真之談，超日有即虛之稱。」雙示不真空也。緣起故有，非無也；從緣故空，非有也。中道之旨，於斯玄會，故宗云不有不無也。若約二諦明空有者，俗諦故非無，真諦故非有，爲第一真也。下皆有文，恐繁不引。

夫至虛無生者，蓋是般若玄鑒之妙趣向也，有物之宗極者也。

初句依經標牒，次句約心顯妙，後句萬物宗體。勝義無上曰至，有無、一異等俱離曰虚。無生者，謂緣集諸法非自、非他、非共，亦非無因，亦非作者。無生而生，非無也；雖生不生，非有也。若此萬象森羅，無非中道，下論云第一真諦也，又云觸物而一。「般若」下，明此勝義非識能識，但是聖智玄鑒所向之境，亦爲緣有萬物所宗至極之性也。

自非聖明特猶獨也**達，何能契神**智也**於有無之間**中也**哉？**

反顯也。順明云：唯聖人明智獨了，可契此中道也。

是以至人通神心於無窮，窮〔一〕所不能滯；極耳目於視聽，聲色所不能制者，

果極因滿曰至，示化人流曰人，謂無上士也。初二句實智内通。神心，智也，出分別故。無窮，理也，絶邊量故。窮所等者，謂悉覺真諦，不滯於寂。後二句權智外應。目極視而色不膠，耳洞聽而聲弗制，則遍應諸緣，不縛於有。如斯不滯不制，何邪？

豈不以其即萬物之自虚，故物不能累其神明者也？

雙出所以也。萬物謂聲色等諸相，從緣無性，故云虚也。累謂負累，神明即上神心。意云：即物之虚，證之不能滯，應之不能制，抑何累於神明哉？此上依境辯心，似二智殊照。既即物之虚而一源，則自真之權而

〔一〕「窮」，底本無，據肇論校釋（中華書局）本補。

無異。

是以聖人乘真心而理順，則無滯而不通；審一氣以觀化，故所遇而順適。

復釋前文也。前云通神心等，云何通邪？故此云乘真心而理順等。乘，憑也。真心，即理智也。理屬性空之理，不逆物故名順。正理於順，順法即虛，不須析破。析破則逆法，何能通於無窮邪？若此則無一滯礙之法不虛而通也。準此，滯含二義：一不滯寂，二不滯物也。前文云極耳目等，云何極邪？故此云審一氣等。一氣語借道家，喻一性也。觀謂觀照，即量智也。化謂萬化，即一切事相也。遇謂對遇。適者，契合也。意云：諦審一氣之性以觀萬化，則凡所對遇無不順性而契合。如此雖極目觀色，無非實相，縱耳聆音，反聞自性，豈惑聲色而爲制哉？前文雙出所以，但明不滯不制之相。此文乃釋內通外應之由，所以爲異也。然了境由心，依心照境。境則真俗不二，第一真也；心則理量齊鑑，中道智也。次下明之。

無滯而不通，故能混融也**雜致**得也**淳；所遇而順適，故則觸物而一**中也。

躡前會歸中道也。淳雜者，以二諦言之，俗諦故雜，真諦故淳；以中道言之，二諦相待亦雜也，中道無二故淳也。今文是此，則二諦融會，二而不二之中也。觸謂心所對觸，即緣生諸法也。以從緣非有，緣起不無，故觸物皆一。一即第一真諦也。清涼云：「觸物皆中，居然交徹。」此皆論於中者，論之所宗故。又只可觀察世俗而入第一真諦，不應觀察第一真諦而入世俗也。故涅槃云：「世諦者，即第一義諦。」如清涼鈔具敘。

如此，則萬象雖殊，而不能自異。不能自異，故知象非真象。象非真象故，則雖象而非象。

如此者，屬前混雜致淳等。既淳既一，豈云異乎？正義至此略周，結歸本題也。初四句結不真，後二〔二〕句結空，可知。雲庵本中失後二句，但有不真之理，缺於空義，今從古本。

然則物我同根，是非一氣體也，潛微隱幽，殆將也非群情之所盡。

將破三家謬計，故復舉甚深之理難解難入，致令所見未徹也。物即真俗融通之境，我則權實雙融之心。同根者，心境相收無異故。是非者，真俗也，亦相即，故一氣也。生公云：「是非相待故，有真俗名生。苟一諦爲真，四言成權矣。」「潛微」下，理深曰潛，難見曰隱。群情容解，但不能盡之，如三家者。

故頃爾近也談論，至於虛宗，每有不同。夫以不同而適同，有何物而可同哉？故衆論競作，而性莫同焉。

初句舉時謬之輩，由正理幽隱，所以近來云云。次二句見異，次二句執異背同，後二句依見述論。唐光瑤禪師疏有七宗，此論略出三家，故云衆也。見既有異，性理隨殊。

何則通徹？心無者，無心於萬物，萬物未嘗無。

〔二〕「後二」底本作「二後」，據大正藏本改。

據梁傳，晉僧道恒述心無論，汰公、遠公俱破此說。初句牒，次句謂心無諸法，後句執法實有。

此得在於神靜，失在於物虛。

由心無法，故得於神靜；不了物空，故失虛也。亦心外有境。

即色者，明色不自色，故雖色而非色也[一]。

東晉支道林作即色遊玄論。初句牒，次二句叙彼所計。彼謂青、黃等相非色自能，人名爲青、黃等，心若不計，青、黃等皆空，以釋經中色即是空。

夫言色者，但當色即色，豈待色計也**色而後爲色哉？**

齊此論主破辭，此且先出正理。初句牒名，次句示依他。謂凡是質礙之色，緣會而生者，心雖不計，亦色法也。受、想等法亦應例同。意云：豈待人心計彼謂青、黃等，然後作青等色邪？以青、黃亦緣生故。

此直但也**語色不自色，未領**解也**色之非色也。**

初句明所待，後句顯所失。未達緣起性空，然緣起之法亦心之相分，能見之心隨相而轉，取相立名，名青、黃等。名屬遍計，相即依他。支公已了名假，未了相空。名相俱空，圓成顯現。由未了此，所以被破。

[一]「也」，底本無，據大正藏本及肇論校釋（中華書局）本補。

本無者，情尚於無多，觸言以賓伏也無。故非有，有即無；非無，無即無。

亦東晉竺法汰作本無論。初二句明其尚無。中心崇尚於無，故凡所發言皆賓伏於無也。次四句出彼解相，以經論有雙非之句，汰公解云：「非有者，非斥了有；非無者，和無亦無。」却則淪於太無爾。

尋夫立文之本旨者，直正也以非有非真有，非無非真無爾。

論主與示雙非正理，然後破之。經論成立非有非無之本意者，正以諸法賴緣而有，非真實有，故云非有；以諸法緣起故有，非一向無，故云非無。圭峯略鈔之義如此，下論亦多，請無疑慮。

何必非有無此有，非無無彼無？此直好無之談，豈謂順通事物也實性也，即物之情解也哉？

初二句斥彼謬計，義不異前。何必者，責彼之辭。後二句直破其非。尚無如此，豈是順物達性、即物見中之解邪？今詳破此三家，前二家許其所得，破其所失，汰師尚無，一向破斥者，亦以著空之見難治故也。非特撥無因果，亦恐惡取斷空，如智論説食鹽之喻也。據梁傳，支、汰二師皆出類離群世間之英者，正由道源初浸，又經論未廣，明師罕遇，致有此弊。不可見破，便輕前修。

自下正述論文，大科有三：初、理絶名相。謂欲寄名依相顯示，先示名相本虚、真諦超出，令悟了法不在言，善入無言際也。二、寄詮顯實。以名相雖虚，亦可假詮以顯實理，即無離文字説解脱也。三、至論末，引放光等示妄顯真。謂雖依詮顯實，若著名相，妄想是生，何能悟入第一之真？若悟名相本虚，即名相而如智顯現，不在捨於文也。故我説法如筏喻者，文字性空即是解脱，十二分教無非如也。一論大旨，妙在于斯，但血脉沉隱，故具出之。

夫以（依也）**物物**（名）**於物，則所物而可物。**

若依相立名，隨名取物，則凡是所名之物皆可爲物。此謂妄心所計，名相俱有。

以物（名）**物**（相）**非物，故雖物**（名）**而非物**（名）**。**

初句相空，後句名空。以二法皆事故，通名爲物。意以所名之物，但依他起，元無自性，況名依相有，豈有實體也？故密嚴云：「世間衆色法，但相無有餘。唯依相立名，是名無實事。」

是以物不即名而就實，名不即物而履（行）**真**（實）**。**

釋此有二：一通，二局。通者，名相二法該盡俗諦，然性各異，互推無在，顯兩虚也。初句物不在於名中，以名非物，故召火不燒其口。次句名不在於物中，以物非名故，見物不知其名。應知因物立名，以名名物，俗假施設，竟不相到，故不能互顯其真實，如火以熱爲實等。局者，但屬此論。名謂名教，相謂義相。所以空者，方便安立，各無自性，能所詮異，故不即。就論意雖通，其旨實局，以下云真諦獨靜於名教之外，故爲此釋。

然則真諦獨靜於名教之外，豈曰文言之能辨哉？

真諦，第一義也，非名言可說，非義相可示，直以名相本空故也。

然不能杜默，聊復厝（置）言以擬之。試論之曰：

理須言顯，亦不能閉口默然也。擬謂比擬。意云：但依言彷彿，比擬真諦，而論量也。

摩訶衍論云：「諸法亦非有相，亦非無相。」中觀云諸法不有不無者，第一真諦也。

初引智論後第二十七中一句，又義引中論，轉釋云即第一真諦。引此二論以爲宗依，下論廣釋。皆云諸法者，則統貫一切也。以是義宗，故引通名，總辨即中之理。次下依宗開示，或約空色乃至言說、心行等，一一別顯。末後引中觀等二論，約因緣生法以辨之，乃復總攝一切非真空色等也。始末依此詳考，方知論旨成立之妙。第一者，真俗非二故，非真俗之二故。

尋夫不有不無者，豈謂滌除萬物，杜塞視聽，寂寥虛豁，然後爲真諦者乎？

二論皆云不有又不無者，非撥喪萬物，閉目塞聰，絕色滅聲，取虛豁混茫之空是真諦也。

誠以即物順通，故物莫之逆；即僞即真，故性莫之易。

就物順通，非杜塞視聽，故不逆其物；即俗僞而顯真，何待虛豁？故不易其性也。

性莫之易，故雖無而有；物莫之逆，故雖有而無。雖有而無，所謂非有；雖無而有，所謂非無。

初四句躡前，釋成以理事相即故，互存相奪，故互亡也。後四句躡前，釋成非有非無之中也。此中真諦故無，俗諦故有。相奪兩非，第一真也。

如此，則非無物也，物非真物。物非真物，故於何而可物？

則物示真性，真物、假名相皆不立也。密嚴云：「二合生分別，名量亦非有。」非真，即題中不真。於何可物，即題中空字。自下依宗廣釋，皆初引教，後依教釋義，文雖各殊，義旨無異。今依論中會釋，或約空色，或依二諦等，一一隨次明之。大要皆約諸法，以明不異第一之真也。

故經云：「色之性空，非色敗空。」

別依色空以釋中也。淨名經文，然諸經多有。

以明夫聖人之於物也，即萬物之自虛，豈待宰割以求通哉？

空非色外，色即是空，空色非一，亦非異也。宰割析滅，豈是即空？故二乘析色，斷見未祛，亂意迷空，即真未了。

是以寢疾有不真之談，超日有即虛之稱。

雙引二經，皆證前義。初、淨名問疾品略云菩薩病者非真非有等。二、超日明三昧經，彼云：「不有受，不保命，四大虛也。」四大色法，法即空故。

然則三藏殊文，統之者一也。

文則殊説，旨歸一揆。

故放光云：「第一真諦，無成無得；世俗諦故，便有成有得。」

二依成得以示也。放光第八云：「世俗之事有逮有得，最第一者無有逮無有得。」

夫有得即是無得之僞號，無得即是有得之真名。真名故，雖真而非有；僞號故，雖僞而非無。

初二句辨得相真僞。住俗有得而非得，故僞也；依真無得而乃得，故真也。如下「玄得」中廣示。後四句躡釋前名。

是以言真未嘗有，言僞未嘗無。二言未始一，二理未始殊也。

勝義故非有，俗諦故非無。有無二言非一，中道之妙非二。

故經云：「真諦俗諦，謂有異邪？答曰：無異也。」

義引大品也。前雖有二諦，但依成得辨之，今直約二諦以釋也。

此經直辨真諦以明非有，俗諦以明非無。豈以諦二而二於物哉？

二諦之義真俗宛分，二諦之體一物非異。

然則萬物果有其所以不有，有其所以不無。有其所以不有，故雖有而非有；有其所以不無，故雖無而非無。雖無而非無，無者不絶虚；雖有而非有，有者非真有。若有不即真，無不夷平跡相，

初二句明萬物皆具非有非無。次四句躡示兩非，以入中道。次四句亦躡前，如次不落斷常。後二句但成前四句。以非真有故，若有不即真；以非虚絶故，若無不夷跡。若字貫此，謂非宰割事跡然後是無。夷者，亦芟夷也。

然則有無稱異，其致一也。

真俗是體，有無是義。依體辨義，義亦一也。古人云：「二諦並非雙，恒乖未曾各。」

故童子歎曰：「説法不有亦不無，以因緣故諸法生。」瓔珞經云：「轉法輪者，亦非有轉，亦非無轉，是謂轉無所轉。」

連引二經，依言説相，以顯中道。初即淨名經長者子寶積歎佛偈也。初句歎如來説法，與實相相應故，有説無説皆雙絶也。後句意云：有無既絶，何故現一切言説？答云：以俗諦因緣故，諸法生也。後經即彼第十一卷中文。初句牒説，次二句亦有無雙絶，後句明説即無説。二經義同。非轉而轉，三百餘會不捨穿針；轉而不轉，四十九年不説一字。豈謂舌覆三千，即成有説；身默丈室，便謂無談？

此乃衆經之微言也。

雖引二經，義同衆典，故云衆經等。

何者？謂物無邪，則邪見非惑；謂物有邪，則常見爲得。

文通二對，反覈以明。皆上句明著，下句覈破。邪見，斷見也。若計物是無，外道斷見應非是惑。下對例知。物雖通諸，且目法輪。

以物非無，故邪見爲惑；以物非有，故常見不得。

順顯可知。

然則非有非無者，信真諦之談也。

真諦，第一也。以説法非有非無，方是真諦之轉也。

故道行云：「心亦不有亦不無。」

即彼經初品中文。心爲諸法之本，然通真妄。真謂如來藏心，亦非有無，如無名論引釋。妄即妄想識心，從緣生者，亦非有無。此中辯之，以經義含有二法，故不可局。

故中觀云：「物從因緣故不有，緣起故不無。」

義引中論，亦轉釋前經也。從緣不有謂真也，緣起不無謂俗也。

尋理即其然矣！

推尋論旨，法非有無，實乃如是。此以教如繩正，理亦衡直。

所以然者，夫有若真有，有自常有，豈待緣而後有哉？譬彼真無，無自常無，豈待緣而後無？

初句含二意：一徵辭，二牒不有等。反推諸法，正顯從緣。謂法若實有，緣前亦合有，不待緣集然後方有。後三句例明真無，二說：一太虛，二真空。此二元空，不待緣離然後空也。異喻顯法，理亦極成。

若有不能自有，待緣而後有者，故知有非真有。有非真有，雖有，不可謂之有矣。

初二句順牒前文，明法待緣非真。後二句相躡，以顯非有也。

不無者，夫無則湛然不動，可謂之無。萬物若無，則不應起，起則非無，以明緣起故不無也。

初句牒論。次二句舉例，以示如前二空皆凝湛不動。可謂者，堪可許其是無。次二句承例反明，次一句順顯，後二句成前不無也。

故摩訶衍論云：「一切諸法，一切因緣故應有。一切諸法，一切因緣故不應有。一切無法，一切因緣故應有。一切有法，一切因緣故不應有。」

大論前後有斯義而無斯文。通成二對。初對中明法從緣故，不有不無。初句緣起故不無，後句從緣故不有。後對約有無二法對辨，以明不有不無。一切無法等者，大論三十一以過、未法爲無，現在法爲有。涅槃三十四云：「一切世間有四種無：一未生名無，二滅已名無，三各異互無，四畢竟名無。」皆因緣有此四無。後句可知。皆云一切等者，法乃萬殊，緣亦無數。

尋此有無之言，豈直反論而已哉？若應有即是有，不應言無；若應無即是無，不應言有。

初句收前四句，以前論不出有無故。次句反謂相反，猶云豈但是有無相反之說邪？後通有六句，出論中有無相反之相。前三句中若應有者，收前初三二句；即是有者，定應唯有；不應言無者，收前二四兩句，如何却言無邪？後三句中，若應無者，收前二四兩句；即是無者，定應唯無；不應言有者，收前初三兩句，如何却言有邪？已上辯定相反，下顯緣法有無皆具。謂若有若無俱有其理，非相反也。

言有，是爲假有以明非無，借無以辯非有。此事一稱二，其文有似不同，苟領其所同，則無異而不同。

初二句論云應有，明緣起故假有也。次一句論云不應有，明從緣故非有也。事一下，緣生事一，有無名二，四句之文似乖，若解其不有不無之同，豈有無之異能違？

然則萬法果有其所以不有，不可得而有；有其所以不無，不可得而無。

義承前起，故云然則。前約二諦已出此文，展轉引釋，至此義周，故復舉此以結。不可等者，物性本空，孰能强之令有？緣起既形，孰能排之令無？

何則？欲言其有，有非真生；欲言其無，事象既形。象形不即[一]無，非真非實有。然則不真空義，顯於茲矣。

初有四句，明於諸法不可定執是有是無。皆上句舉執，下句推破。欲謂將欲，言謂意言。將謂諸法定有邪？有非實生，但假緣故，如何定有？欲待謂無，事象已起，如何定無？次有二句，初句躡前緣起之事，次句結成即假即空。非真，假有也。非實，真空也。後有二句，正結論名。首建此名以標宗致，逐節引教，隨教會釋，顯理已周，中道實相可令悟入，最後結歸不出題示，故云爾也。問：論周至此，後說何爲？答：前已通敘，其意可了。義若未盡，何此結之？可細推繹。

故放光云：「諸法假號不真。」譬如幻化人，非無幻化人，幻化人非真人也。

彼經二十七云：「佛告須菩提：名字者不真，假號爲名。」引此之意已見前文。初法說，謂諸法不真，名亦假也。後三句喻明，於中初句經文，次二句義釋也。謂幻成一人似非無也，似豈爲真？故云非真。

[一]「即」，肇論校釋（中華書局）本作「既」。

夫以名求物，物無當名之實；以物求名，名無得物之功。物無當名之實，非物也；名無得物之功，非名也。

此與論初大旨無殊，文小變爾。名自情生，好惡何定？或於一物立多名，或以一名召多物。物雖應名，亦無當名之實理，如以地龍、木賊等名藥也；又名雖召物，亦無得物之實功，如談水不濡唇，言穢不涴口。應知名是假號，物爲幻化，但順世俗，不入實相。

是以名不當實，實不當名，名實無當，萬物安在？

一切諸法不出名相。此二既空，萬物不立。已上名相境寂，下辯妄想心虛。

故中觀云：「物無彼此。」而人以此爲此，以彼爲彼，彼亦以此爲彼，以彼爲此。

初句論文，彼論第四云：「諸法實相，無有此彼。」「而人」下，釋也，如二人相向，彼此互執也。

此彼莫定乎一名，而惑者懷必然之志。然則彼此初非有，惑者初非無。

正舉妄計也。彼此互指，既無定在，柰何惑者必然而執我定名此、他定名彼，妄想之心，依然取著。「然則」下，名相元空，迷夫妄執。亦可名相無暫始有，妄想無暫始無，以無暫始無之妄情，執無暫始有之名相。病眼華生，病耳蟬鳴，蟬華恒無，病根常執。

既悟彼此之非有，有何物而可有執哉？故知萬物非真，假號久矣！

初句遍計性空。次句名隨相遣，翳差華亡，耳聰蟬喪。後二句結成經義。此中雖帶名相而言，意顯妄執本空。況後引成具等，又唯約妄情説邪。

是以成具立强名之文，園林託指馬之況。

成具經云：「是法無所有，强爲其名。」園林即漆園也，曹州，地名，莊周曾爲此吏，故以目之。彼齊物云：「以指喻指之非指，不若以非指喻指之非指也；以馬喻馬之非馬，不若以非馬喻馬之非馬也。」指謂手指，馬謂戲籌，若今雙六之馬也。如二人相向，各以己指是指，他指非指，是非互在，本無實也。喻，曉也。馬可例之。

如此，則深遠之言，於何而不在具？

通指上文。内教妄想元空，外典是非無主，文亦備在。

是以聖人乘千化而不變，履萬惑而常通者，以其即萬物之自虚，不假虚而虚物也。

初句舉能證之聖，令物則之。次二句顯證悟之相。千化，名相萬物也。不變者，即名相而如如故。惑，妄想也。常通者，即妄想而正智故。「以其」下出即真所以，可知。

故經云：「甚奇！世尊！不動真際，爲諸法立處。」非離真而立處，立處即真也。

初引經，即同放光：「不動等覺，建立諸法。」非離下，論主釋經義也。謂依理成事，事豈離真而立也？

然則道遠乎哉？觸事而真。聖遠乎哉？體之即神。

初二句明境。初句舉體而覈，道謂如如。下句指屬，觸謂六觸，事即名相。事相既近，體虛即真，真豈太遠？後二句明心。亦初句舉聖而覈，聖即智也。下句屬體，謂體究神心也。即神者，即我之心爲神聖矣，豈太遠乎？仁王經云：「菩薩未成佛，以菩提爲煩惱；菩薩成佛時，以煩惱爲菩提。」

今詳論意，自放光已下，乃密嚴、楞伽五法相翻之義。故密嚴云：「名從於相生，相從依他起。此二生分別，諸法性如如。於斯善觀察，是名爲正智。名爲遍計性，相是依他起。名相二俱遣，是爲第一義。」略解云：五法者，一名、二相、三妄想、四正智、五如如。此五約迷悟配之。謂迷時即如如以成名、相，即正智以成妄想；悟時翻名、相爲如如，翻妄想成正智。經中初三句如次名、相、妄想，次三句說正智，後一偈約三性顯如如也。略示如此。論意謂，依彼名相顯示論旨，苟識相等體虛，不捨一論能詮之名、所詮之義，即境而會如，即解而成智。故先舉聖人證法爲式，然後示以即真之理。但在文甚隱，致令難求，若前後冥搜，義如指掌。

肇論新疏卷上

肇論新疏卷中

五臺大萬祐國寺開山住持、釋源大白馬寺宗主、
贈邽國公、海印開法大師、長講沙門　文才　述

般若無知論第三

釋兹分二，初明般若，後解無知。初有二種：一本覺般若，即衆生等有智慧是也。大論四十三中翻爲智慧，故華嚴出現説「一切衆生皆具如來智慧」等。二始覺般若，即六度之一。然通淺深，淺則生空般若，深則法空般若。此復有二：一因修，謂歷位漸得故；二果證，謂覺至究竟故。然始本平等，唯一覺也。又有三種：一實相般若，大論指般若是一切諸法實相故；二觀照般若，照理照事故；三文字般若，能顯總持故。而此論中具攝前理，至文隨示。後言無知者，據下論文，總有二義：一揀妄，下云本無惑取之知等。二顯真，有三：一本覺離念，知即非知，故下云果有無相之知等。二始覺無知，謂窮幽亡鑒、撫會無慮故，實相、觀照可

以例知。三文字無知，謂言説即如，文字性空，非知非不知，仍曰無知。修文字者不著不離，是名修諸佛智母。應知甚深般若總持一切之功德，出生無盡之法門，破裂煩籠，優游正覺也。據梁傳，什公初譯大品，論主宗之，以作此論，竟以呈什。什歎曰：「吾解不謝子，辭當相挹。」論者，謂假文字般若，問答析理，顯示實相等。

夫般若虛玄者，蓋是三乘之宗極也，

非知非見曰虛，不有不無曰玄。又四句不攝曰虛，靈鑒亡照曰玄。此牒經也。極，至也。三乘之人皆宗尚於般若，各各修學。但機有小大，成自乘菩提。故大品聞持品云「善男子，欲得阿羅漢果，當習行般若波羅蜜」等。

誠真一之無差。然異端之論，紛然久矣。

正理唯一，至當不差。人學般若，隨見成殊，各興異論，紛然亂轍久矣。

有天竺沙門鳩摩羅什者，少踐大方，研磨機〔一〕心斯趣旨，獨拔出於言象之表，妙契於希夷之境，

天竺或曰印土、身毒，即五印婆羅門國。什公生龜茲，以父鳩摩羅炎本南天竺人，今從本稱。盛德如傳。言象出易經略例：「言生於象，象生於意。」今以言喻能詮，象喻所詮。希夷出老氏，彼云：「聽之不聞名曰

〔一〕「機」，肇論校釋（中華書局）本作「幾」。

希，視之不見名曰夷。」今喻般若，離名曰希，離相曰夷。按什公本傳，幼[二]學小乘，因悟蘇摩説阿耨達經，復學大方，研心此趣，孤出於言象之外，妙合於實相之境。

集異學於迦夷，

異學即西域外道。迦夷即佛生之國，亦通指諸國。集，猶正也。師在天竺，破邪顯正非一。

揚淳(粹)風(教)以[三]東扇。將爰(語辭)燭(照)殊方而匿(隱)耀(光)涼土者，所以道不虛應，應必有由矣。

殊方謂他國。涼土，今西涼也。意謂什公將欲舉揚教風，東傳漢地，值符堅失國，姚萇僭逆，呂光父子心不存法，師蘊其深解，無所宣化，在涼十有三年，機緣未會，隨世浮沉。是知佛法流行，亦待時節因緣，苟非其時，道不虛行。

弘始三年，歲次星紀，秦乘入國之謀，舉師(衆)以來之。意也，

萇子興即位，歲號弘始。星紀者，瑶疏云：「丑月星紀，今以月紀年也。」「秦乘」下，梁傳云：「弘始三年，廟庭木生連理，逍遥觀葱變成茝，以爲美瑞，謂智人應入。五月秦遣隴西公碩德伐之，隆軍大破。九月呂隆上表皈降，故云入國之謀。至十二月末，師至長安。」亦可師即什公，西伐之意，舉師令來。

[二]「幼」，底本作「幻」，據大正藏本改。

[三]「以」，底本作「於」，據肇論校釋（中華書局）本改。

北天之運數其然矣。

大品云：「般若於佛滅後先至南方，次至西方，次至北方大盛。」震旦在天竺東北，今什公道通，應斯懸記。

大秦天王者，道契百王之端首，德洽沾千載之下，游刃萬機事，弘道終日，信季末俗蒼生之所天，釋迦遺法之所仗也。

王謙故不稱皇帝，但比跡三王，以春秋尊周爲天王故。百王，但汎舉前代帝王。游刃出莊子，庖丁解牛，運刃熟妙，故曰游刃，彼云：「其於游刃必有餘地矣。」謂秦王日親萬事，判決合宜，如游刃爾，又復終日弘闡佛法。蒼生即衆生也，謂蒼蒼然而生。亦可蒼者，天也，自天生故，蓋隨俗説。所天者，王德配天，物蒙其廕。昔金河顧命，令王臣弘護，今王遵行，法門依仗。

時乃集義學沙門五百餘人於逍遥觀，躬親執秦文，與什公參正方等。

義學即僧史十科中「義解」。逍遥觀即今秦中草堂寺，本姚置層觀於此，什公入關，遂施爲寺。準晋書載紀，王雅信佛法，請師宣譯。師執梵本，王執秦文，更互參正，譯出諸經云云。方等者，方正平等，即方廣分。

其所開拓者，豈唯當時之益，乃累劫之津梁矣！

拓，手承物也。亦拓，開戶也。謂所譯經論開化一切，非直益於彼時，實爲積劫迷津之橋梁。今藏海琅函，數越五千，師所出經，世多弘讚。

予〔二〕以短乏，曾則厠預嘉會，以爲上聞異要，始於時此也。

論主謙云，我以才短智乏，則預什公嘉善之會，殊異要妙之義，始於此時聞自什公，故云上聞。

然則聖智幽微，深隱難測，無相無名，乃非言象之所得。爲試罔象其懷，寄之狂言爾，豈曰聖心而可辯哉？試論之曰：

聖智爲般若之體，離諸分別，故云幽微。無相故非義象可思，無名故非言詮可議，故云難測。「爲試」下，意云：般若雖非名相可及，將欲悟物，亦當内亡其象，外寄其言以辯之。非言欲言，故云狂也。莊子云：「使罔象求而得之。」舊本作惘字，悮。「豈曰」下，理非言辯，但寄言顯之。

自下先引經定宗，後九次問答，決擇宗中之意，令無餘惑。

放光云：「般若無所有相，無生滅相。」道行云：「般若無所知，無所見。」

略引二經，以示此論之所宗。放光即大品也，但兩譯成異，二十卷云：「般若無所有相。」第十五云：「須菩提，般若波羅蜜不生不滅相。」道行第一云：「般若波羅蜜當何從説？菩薩都不可得見，亦不可知。」無所有相者，謂有無、知見等相皆離故。無生滅相者，非因緣所生故。亦四相不遷，三際莫易。餘如下釋。

〔二〕「予」，底本作「子」，據大正藏本改。

此辯智照之用，而曰無相無知者，何邪？果有無相之知，不知之照，明矣。

初二句反覈。未了之者云：二經正明智用，乃云無知無相，何故？後二句略標。若斯之理果然而有云云，謂真心靈鑒，知非知相，無知而知。

何者徵？夫有所知，則有所不知。以聖心無知，故無所不知。不知之知，乃曰一切知。

初二句舉妄。謂妄識取境，能所昭然，故曰有知；妄見不周，故曰有所不知。何者？且丈夫心主秖臨器身，常侍末那唯持見分，謀臣之識徒知有漏之鄉，五將之能但擊塵囂之境，各有分量，知亦何真？故云爾爾。後四句示真。聖心不然，非能所取，故云無知；本覺靈明，無法不照，故曰遍知。良以即智之體宛爾無涯，即體之智亦擴充無外。此以諸法本居智內，豈有智內之法而不知邪？佛性論云：「以如如智稱如如境云云。」況法依心現，無法非心，以即法之心，知即心之法，尤遍知也。

故經云：「聖心無所知，無所不知。」信矣！

思益經第一云：「以無所知故知。」

是以聖人虛其心而實其照，終日知而未嘗曾知也。故能默耀〔一〕韜光，虛心玄妙鑒，閉智塞聰，

〔一〕「耀」，大正藏本作「獨」。

而獨覺冥冥深遠者矣。

文似老書，義意實殊。虛心者，無知相故。實照者，有照用故。「終日」下，知即無知故。「默耀」下，正顯無相。但般若之體了非分別，義言韜默，非故藏匿。「閉智」下，智及聰屬能證之智，冥冥屬所證之理，以智證理，返照歸寂，亦義言閉塞。獨覺者，智無二故。金光明說：「佛果功德，唯如如及如如智獨存。」如如深窅，故曰冥冥。慈恩大師云性質杳冥，義正同此。上乃權實不分，寂用雙融，實相般若該於一切。自下約二諦以明二智不二而二，二而不二，即開實相爲觀照也。以演宗中悲智相導，一念之力，權慧具矣。

然則智有窮極幽深之鑒，而無知焉；神有應會之用，而無慮焉。

幽屬於理，智謂真智，照無不極，故云窮幽。真諦非相，故云無知。神謂俗智，應用難測，故名曰神。應會者，感之必應，不失其會。然水澄月現，無心於化，故曰無慮。問：大悲大願豈非知邪？答：無緣之悲、無相之願，皆亡知照也。故金剛三昧經云：「若化衆生，無生於化。不生無化，其化大焉。」問：觀機審化，寧非知邪？答：據論本意，但由機感，雖應萬類，神亦無思。教合根宜，謂言觀審。一論上下，此理昭然。

神無慮，故能獨王於世表；智無知，故能玄深妙照於事外。

神用涉有，由無思慮，有不能縛，故云世表。王，榮也。正智契真，由非知故，事不爲礙，故云事外。如清涼釋離世間，疏云：「處世無染，即是離也。」

智雖事外，未始無事；神雖世表，終日域中世間。

恐人聞實智事外，謂有外證空，故云未始無事，言即事見真。起信云：「以一切法悉皆真故。」又聞權智世表，謂不化物，故云爾也，謂處世不染即是世表。

所以俯仰順化，應接無窮，無幽不察，而無照功。斯則無知之所知，聖神之所會。

初二句權用順機，或俯或仰，根熟即應，應無窮極，正由無思方能如是。俯謂俯就，即隨他意語，如人天小乘等。仰謂企仰，即隨自意語，如實教一乘等。次二句實智覺法，法無不盡，非知非見，故無照功。後二句雙結，正由非知非會，然後能知能會，豈但知而無知等邪？權智亦合云非會之所會。上論二智知即非知、非知而知等，下通論智體非有非無。

然其爲物體也，實而非有，虚而不無，存而不可論者，其唯聖智乎！

欲揀前義故，再起文勢，云然其等。實而非有者，雖真照炳然，亦非有相，若取爲有，則著常見。虚而不無者，雖妙湛杳然，亦非無心，若取爲無，則落斷見。故般若妙存，所以能聖，若無般若，亦無聖人，但不可作有無等思議。其唯下，結屬。

何者徵釋？欲言其有，無狀無名；欲言其無，聖以之靈。

無狀等者，名依相立，相自緣生，有爲法也。且即心覺照，不從緣生，何有名相？聖以之靈者，聖人諸法盡覺，萬緣普應，正由般若力通難思，何爲無邪？

聖以之靈，故虛不失照；無狀無名，故照不失虛。照不失虛，故混而不渝變；虛不失照，故動以接麤俗事。

虛，寂也。正由非有故寂立，非無故照存。正寂而常照，正照而常寂。展轉躡跡，釋成前義。混而不渝者，謂正漚和時長在般若，故入生界不染不縛。動以等者，謂正般若時恒漚和，故義利流行，接引凡夫之麤也。

是以聖智之用，未始暫廢；求之形相，未暫可得。

始，初萌也。靈智妙存，如何暫時可廢？有無兩非，如何形相可得？言暫者，少選不可，況久廢久得邪？非直有無諸相等不得，而智亦無得，言語道斷，心行處滅。

故寶積曰：「以無心意而現行。」放光云：「不動等覺而建立諸法。」所以聖跡萬端，其致旨一而已矣。

寶積即淨名經長者子。寶積歎佛偈言：「佛心意已滅寂也，而現行照也。」放光二十九云：「不動真際，爲諸法立處。」聖跡，教也，屬上二經。古譯句爲跡，尋跡得兔，如尋句得義。下論直云教跡。致一者，謂在文有異，於旨無殊。

是以般若可虛而照心，真諦可亡而知境，萬動可即而靜境，聖應可無而爲心。

以所觀真諦妙絶諸相，但可非知而知，故般若照時亡能亡所，唯虚而照。仁王云：「正住觀察而無照相。」萬動等者，以所應俗諦緣生性空，即動而靜，亦令能應權智無爲而爲。心境前後互舉者，以心由境、以境即心皆可。亦順文便，不以辭害志。

斯則不知而自知實，不爲而自爲權。復何知哉？復何爲哉？

前二句結成知、爲。「復何」下，恐聞知、爲，心復住著，此又遣之。般若：「菩薩少有所住，便落妄想。」著我、人相，即非菩薩。是故有得、無得，皆無所得，逈然無寄，真智現前，然燈記別，而得菩提。

自下大段九重問答，決擇前義。前依宗致粗述大綱，今賓主往復，令人精曉。故遺民云：「此辯遂通，則般若衆流殆不言而會。」良有以也。

難曰：夫聖人真心獨朗，物物斯照，應接無方，動與事會。物物斯照，故知無所遺；動與事會，故會不失機。會不失機，故必有會於可會；知無所遺，故必有知於可知。必有知於可知，故聖無〔二〕虚知；必有會於可會，故聖不虚會。

「難曰」下至「會不失機」，謂真智盡諸法之實，權智應萬物之感，皆不失也。「會不」下四句，雲庵達公

〔二〕「無」，肇論校釋（中華書局）本作「不」。

云：「必有能會之智，應可會之機；亦有能知之智，知可知之理。」「必有」下四句，言實有知、會。

既知既會，而曰無知無會者，何邪？

正難可知。

若夫忘知遺會者，則是聖人無私於知會，以成其私耳。

初句敘救，後皆明意，此同老氏。以前文難定有知有會，恐救云：聖人雖有知、會，以其不矜不恃，知如不知，會如不會，故云忘知遺會。若爾，此則但是聖人不以知、會自長，取爲己私，然由虛心不自長，故爲物推載，返以知、會皈於聖人。是聖人不能逃其知、會之長，竟成己私爾。如老氏云：「後其身而身先，非以其無私邪，故能成其私。」彼意云：後其身，不欲私己也，然已讓人，人必讓己，本欲在後，而返在前，是成其私耳。

斯可謂（說）不自有其知，安（豈）得無知哉？

據上所救，但是聖人不以知、會自取爲長，豈一向無知、會？非無之太甚邪！

答曰：夫聖人功高二儀而不仁（權），明逾（越）日月而彌（益）昏（實），

二儀，天地容儀。不仁，文出老氏，取義不同。彼云：「天地不仁，以萬物爲芻狗。」意云：天地無私，雖以仁恩生成萬物，於物不望其報，如人縛芻爲狗，亦不責於吠守。此老氏意也。論意云：大權普度，功高天地，然無緣之慈，化而無化，不住化相，故云不仁。如金剛般若云「四生九類，我皆度之」，功高也；「而無

有一衆生實滅度者」，不仁也。明逾等者，謂實智照理，明也；都無分別，昏也。又明逾日月，遍知也；彌昏，無知也。唐光瑶和尚意同。

豈曰木石瞽盲其懷，其於無知而已哉？

我言無知，知即無知，非如木石、聾瞽無覺。

誠以異於人者神明，故不可以事相求之耳。

神妙靈明謂般若也，事相謂人之情見。蓋前所難者，於知不恃，於會不矜，但人之情識虛心容物，比無相般若相去邈然，莫認不矜便爲般若。顔子虛懷，孟反不伐，未聞入理。

子意欲令聖人不自有其知，而聖人未嘗不有知。

復審前難。以前云，此可謂聖人不自有其知，安得無知哉？故先審定，下責云。

無不乃助辭乖於聖心，失於文旨者乎？

無乃文簡，具云豈不乃也，如外典云無乃爲佞乎？若定有知，豈不乖心違教？

何者？經云：「真般若者，清淨如虛空，無知無見，無作無緣。」

大品含受品云：「摩訶衍如虛空，無見無聞，無知無識。」三假品云「般若於諸法無所見」等。真，揀惑取。清淨者，絶相之義。「無知」下，釋成清淨。作者，造也。謂無師自然之智，非因所作，非緣所生。仁王云「無行無緣」，義同。

斯則知自無知矣，豈待返照然後無知哉？

斯者，指所引經。既云般若即是知體，復云無知無見，據斯經意，知即無知，豈待反收其照，閉目塞聰，絶聖去智，冥如木石，謂無知邪？

若有知性空而稱淨者，

假牒彼救也。恐難者別會經意，救云：經稱般若清淨者，非謂無知故清淨，約知見性空，故云清淨。若云爾者，下反詰云。

則不辨於惑智。三毒四倒皆亦清淨，有何獨尊淨於般若？

若云般若有知有見，但性空故，經説清淨者，則與惑智不相殊異。何者？夫三毒四倒皆亦性空，亦應清淨。據此而知，不約性空，但約無知無見。惑智即三毒等，分別名智，如下云惑智之無，起信六麤智相是惑故。

若以所知美般若，

所知者，即真諦。恐難者再救云：經稱清淨，非約能知般若無知無見，但約所知真諦清淨，故美般若云清淨者。

所知非般若。所知自常淨，故般若未嘗曾淨，亦無緣因致得淨歎於般若。

能所宛然，豈所知淨故令能知亦淨，而歎美之？

然經云般若清淨者，將無以般若體性真淨，本無惑取之知。本無惑取之知，不可以知名哉。豈唯無知名無知，知自無知矣。

會經正意。將無者，豈非也。既不約性空及所知云清淨，然經言清淨，有二意：一智體真淨，非知見故。二本無惑取之知故。既本無矣，難以知名。「豈唯」下，恐疑者聞前云性淨無知，謂兀然絶照。故今遣云：以知無知相故，本無惑取故，知即無知也。

是以聖人以無知之般若，照彼無相之真諦。真諦無兔馬之遺跡，般若無不窮之鑒。

前二句明以智證理，後二句證理之相。兔馬者，即經中所説，象、馬、兔同渡一河，河自無殊，得有淺深，以喻三乘同入法性，淺深三異。今意云：以所證真諦本無兔馬淺深之跡以軌般若，般若亦無差別無窮之鑒照也。

所以會而不差，當而無是權，寂怕靜無知，而無不知者矣實。

不差者，應不失機，即前無不爲也。無是者，由感而應，本非我故。寂怕下可知，此但決擇前宗中真諦可亡而知等。

難曰：夫物無以自通，故立名以通物。物雖非名，果有可名之物當於此名矣。是以即名求物，物不能隱。

此難知及無知二名互違。今且立理，文亦易通。意云：名能召物，名正則物順。此依世諦，名可得物，如召火時不以水應。

而論云聖心無知，又云無所不知。

二名互違也。難實例權。

意謂無知未嘗知，知未嘗無知，斯則名教之所通，立言名之本意也。

例如寒暖相反，得失互非。言教詮量太通之理，立名本意，自有定體。

然論者欲一於聖心，異於文旨，尋文名求實心，未見其當。

知即無知，是一其心，然二名互非，心豈成一哉？

何者？若知得於聖心，無知無所辨；若無知得於聖心，知亦無所辨；若二都無得，無所復論哉！

此言若聖心有知，宜置無知；若聖心無知，宜置有知；若聖心雙非，更不復説二名。二名既成，互非三義，皆爲不可。

答曰：經云：「般若義者，無名無説，非有非無，非實非虛。」虛〔二〕不失照，照不失虛，斯

〔二〕「虛」，底本作「處」，據大正藏本改。

則無名之法，故非言所能言也。

亦義引放光等經。由難者依名求實，二名既違，謂聖心亦異，不知般若非名非相，故引經以遮，令忘名會旨。經約遮詮可知。「斯則」下，論辭略釋無名無説，以起下文。

言雖不能言，然非言無以傳。是以聖人終日言，而未嘗言也。今試爲子狂言辨之。

大方便佛報恩經初卷云：「法無言説，如來以妙方便，能以無名相法作名相説。」

夫聖心者，微妙無相，不可爲有；用之彌勤，不可爲無。不可爲無，故聖智存焉；不可爲有，故名教絶焉。

微妙等者，謂聖心離知見、作緣等相，非有也。「用之」下，聖心靈妙，照理達事，用無怠息，非無也。亦擬老氏。既云妙無諸相，名教詮之，不及以通。前難即名求物，物不能隱，今般若非物，名依何立？欲以有知無知定名聖心邪？大論三十七云「一切世間著有無二見」等。

是以言知不爲知，欲以通其鑒；不知非不知，欲以辨其相。

「言知」下，若説有知，但欲令人通曉其鑒照之用，豈有知相可取？「不知」下，若説無知，但欲令人知無惑取之相，豈謂一向無知？

辨相不爲無，通鑒不爲有。非有，故知而無知；非無，故無知而知。

謂般若之體無知無見，亦非是無；有鑒有靈，亦非是有。非有下，但躡前釋成知與無知非一非異，方諮中道之心。

是以知即無知，無知即知。無以言名異而異於聖心也。

無以者，戒止之辭。

難曰：夫真諦深玄，非智不測。聖智之能，在兹而顯。

法性深廣，玄妙難思，唯般若能證。故此智證真，功能顯著。

故經云：「不得般若，不見真諦。」

反明也，亦義引般若。智論十八云：「解脱涅槃道，皆從般若得。」

真諦則般若之緣也。以緣求智，智則知矣。

意云：境爲心緣，真即所證之境，智即能證之心，當證理時寧不知邪？

答曰：以緣求智，智非知也。

上句順難縱之，下句總斷非知。此但斷定非知，下釋不知之所以云。

何者？放光云：「不緣色生識，是名不見色。」又云：「五陰清淨，故般若清淨。」

文即大品，義同放光十六，云：「不以五陰因緣起識者，是爲不見五陰。」「又云」下，即放光第十四文，謂不以五陰爲緣，而生般若知識。是名不見者，成無知也。以色即空故，智無所得。

般若即能知也，五陰即所知也，所知即緣也。

但釋後文，前亦例解。經雖云色，意在色空。空與清淨，義非異也。欲明真諦無相故，非是般若發知之緣。今且對前問，以所知爲緣，然後真妄對辨，究竟即顯真諦非緣，真智非知。委細開示，令人深悟，善巧方便，其在于斯。遺民云：「宛轉窮盡，極於精巧。」可謂知言矣。

夫知心與所知境，相與待而有，相與而無。

初句通標，次句妄心妄境相待而起，後句真心真境相待而無。廣如下釋。

相與而無，故物莫之有真；相與而有，故物莫之無妄。物莫之無故，爲緣之所起妄；物莫之有故，則緣所不能生真。

物者，通屬真妄心境。初二句躡前相因，顯真心真境寂然無相。後「物莫之有」下，躡前無相，以明真心真境互非緣互非起，以第一義諦空慧雙融，本非心境，要人悟入一體義分。空即寂也，境也。慧即照也，心也。涅槃云：「第一義空，名爲智慧。」故法爾寂照湛然，心境互現。性出自古，實非緣生，今亦云緣者，且例妄説，義言緣也。次二句躡前相因，顯妄法相待，心境昭然。後「物莫之無」下，躡前有相，以明妄心妄境互成緣互成起也。

緣所不能生故，照緣而非知真；爲緣之所起故，知緣相因而生妄。

真非緣起故，照境之時了無分別；妄自緣生故，能所歷然。外託塵境，内生分別故，云知緣等。

是以知妄與無知真，生於所知矣。

所知者，通屬真妄二境。妄知因境而生，故云生於等。無知亦言生者，實無生相，但因真諦無相，軌則真智成無分別。生者，因也，成也。

何者通徵真妄？夫智以知所知，取相故名知妄。真諦自無相，真智何由知真？

成前相與而有、相與而無。妄智以能分別所知之境，一一於境取相，相既妄起，心亦妄生。真則反此，故曰無知。對妄辨真，義意昭然。

所以然者通牒，夫所知非所知，所知生於知。所知既生知，知亦生所知。

自下但廣釋前義。問：何故真妄相因非因，爲緣非緣，有知無知邪？

妄心妄境相因相待，互各生起，心境迢然有能。所知非所知者，境未對心之時亦未爲境。生於知者，由現前境牽起内心，此即因境生心，心故能知。故起信云：「復次，境界爲緣故，生六種相，即六麤事識分別取著，是名知也。」知亦生所知者，謂因心生境也。由心分別，境亦隨生。知者，分別也。古德云：「未有無心境，曾無無境心。」

所知既相生，相生即緣法。緣法故非真，非真故，非真諦也。

初句躡前，文簡，具云知與所知等。緣法者，若心若境皆因緣所生法也。非真者，緣集故有，緣離故無，自無主宰，故成空假。中論云「因緣所生法，我說即是空」等。

故中觀云：「物從因緣有，故不真；不從因緣有，故即真。」

亦義引彼論破因緣品中之義。但前句證前，後句證後。

今真諦曰真，真則非緣。真非緣故，無物從緣而生也。

初二句明真諦非緣集之境，後二句承前以明非緣。文亦或脫，應云無物從非緣而生也，下引證中可見。

故經云：「不見有法無緣而生。」

大品云，亦諸經通義，未曾見有一法從非緣而生。無者，非也。如水土是生穀之緣，火石則非。今真諦如空，有知如芽，種空不生芽，空非緣故；緣真不生知，真非緣故。中論云：「不從非緣生。」亦可無者有無之無，謂但見諸法賴緣而起，未有一法無緣而生。今真諦無緣性，亦不能生般若之知。中論初卷云：「如諸佛所說，真實微妙法，於此無緣法，云何有緣緣？」

是以真知觀真諦，未嘗取所知。智不取所知，此智何由知？

初二句明不取，後二句顯非知。真智觀真，若取所知，豈成真智？故永嘉大師云：「若以知知寂，此非無緣知，如手執如意，非無如意手。」若此則能所宛然，不唯不成於真智，亦不能證寂。問：若竟無知，何名般若？亦應不名見道。答：

然智非無知，但真諦非所知，故真智亦非知。

有所則有能，今所觀真諦離心緣相，故能照般若都無知相，誰謂般若絶於靈照？

而子欲以緣求智，故以智爲知舉難。緣自非緣，於向何而求知哉反責？

已上唯約實智照真，真既非緣，智亦非知。中吴集云：「上三重問答通辨論旨，下之六重皆次第躡跡而生。」

難曰：論云不取者，爲無知故不取？爲知然後不取邪？

設爾何失？

若無知故不取，聖人則冥若夜遊，不辨緇素之異〔一〕。若知然後不取，知則異於不取矣。

二俱有過也。此躡前爲難。謂不取順於無知，應合聖心冥暗，如人夜行不辨黑白；有取與知相順，焉有知而不取？以難前云未嘗取所知，又云智非無如。

答曰：非無知故不取，又非知然後不取。

〔一〕肇論校釋（中華書局）本多「耶」字。

雙非。

知即不取，故能不取而知。

了了妙存，故曰知。分別已亡，故曰不取。「故能」下，正由遍計久空，無明永盡，無能取相也。知由不取，取則不知，故云不取而知。若此尚非自知，況取境邪？如永嘉云：「若以自知知，亦非無緣知。如手自作拳，非是不拳手。」

難曰：論云不取者，誠以聖心不物取於物，故無惑取也。

不取之中含有二難，前約知與不取兩違，此約不取斷滅故，二難成異。不取於物者，謂了物本空，無我無法。無惑取者，謂二執二障永已斷滅。

無取則無是，無是則無當。誰當聖心，而云聖心無所不知邪？

是者，印可於物，不謬之稱。當者，印物不謬，有主質之謂。若心有取，則定有是物之懷；有是物之懷，則有當物主質之心。今既不取，應無印可之是、當物之主，體用頓絶，空空如也，故云誰當等。

答曰：然，無是無當者。夫無當則物無不當，無是則物無不是。物無不是，故是而無是；物無不當，故當而無當。

有當有是，則屬惑取。求當求是，終不得其真是真當。今般若之照，由無惑取是當之情，故能無物不印。

印無不是，是無不當，豈云一向無是，淪其心用，一向無當，喪其心主乎？「物無不是」下，謂正是當時，復無是當之相少法當懷。此亦無知即知、知即無知中一分之義矣。

故經云：「盡見諸法，而無所見。」

義引放光等文，彼第十云「菩薩行般若波羅蜜，盡知一切衆生之意」等，第三又云「行般若波羅蜜，於諸法無所見」等。

難曰：聖心非不能是，誠以無是可是。

非不下，心能了境。「無是」下，境相既空，是念亦寂。

雖無是可是縱成，故當應是於無是矣。

境空心寂，不可有是有當。無是無當，應可住乎？

是以經云「真諦無相，故般若無知」者，誠以般若無有有相之知。若以無相爲無相，又[二]何累去聲於真諦邪？

因前決擇，已捨有知之念，故云無有有相之知。復取無相爲是，故云若以無相爲無相等。爲者，取著之相。

[二]「又」，肇論校釋（中華書局）本作「有」。

累謂負累，亦罪也。意云：真諦無相，般若無知，心境俱無，住此無中如何？

答曰：聖人無無相也。

舉聖總遣。

何者徵？若以無相爲無相，無相即爲相。

無相雖無，若心有所住，即爲相矣，焉成無相？智論二十六云：「若無相中取相，非是無相。」學般若者，住有爲有火燒，住無爲無水沉。水火雖殊，滅身無異。若有無俱捨，中道不存，是謂住於無所住矣。

捨有而之往無，譬猶逃峯而赴壑，俱不免於患矣。

避有住無，猶如一人患危峯險峻，翻身赴於溝壑，不知溝壑墜墮亦可傷身。故中論云：「大聖説空法，爲離諸見故。若復見有空，諸佛所不化。」以著有之見易除，著空之見難治。如火出水中，病因藥起。

是以至人處有[一]不有，居無[二]不無。雖不取於有無，然亦不捨於有無。

「處有」下二句謂常居有無，了無所住，亦不起有無之見。「雖不」下二句縱成前後不取不離，真無住之般若也。

〔一〕肇論校釋（中華書局）本多「而」字。
〔二〕同上。

所以和光塵勞，周旋五趣，寂然而往，怕爾而來，恬淡無爲而無所〔二〕不爲。

此約悲智相導，以顯無住。初句文同老氏，彼云：「和其光，同其塵。」今借彼文以明權智涉有化生。周旋者，謂周遍迴旋也。往者，往五趣，故即靜而動也。來者，復涅槃，故即動而靜也。謂不出生死，恒復涅槃，了知生涅無二際故。寂然、怕爾、恬淡，義皆相似。意云：以悲導智而往五趣，周遍化生，無所不爲。然正方便時，智即導悲，見生界空，度無所度，故言怕爾而來，恬淡無爲。此如宗中悲智相導，一念之力，權慧兩具處説。

難曰：聖心雖無知，然其應會之道不差。是以可應者應之，不可應者存之。

此難權智生滅，先立理也，因前辨析，已許二智不住有無。「然其」下，權智應機之時，大小無差。機熟爲可應，未熟者與作得度之緣，故云存之。

然則聖心有時而生，有時而滅，可得然乎？

正難也。謂應時新生，感謝息滅，許如此不？

答曰：生滅者，生滅心也。聖人無心，生滅焉起？

〔二〕「所」，肇論校釋（中華書局）本無。

前二句明妄。謂諸心、心所實託緣生，從因緣故，墮在生滅。聖心反此，謂三際已破，四相兼亡，刹那不萌，何容生滅邪？問：若爾，應無心邪？下通云。

然非無心，但是無心心耳。又非不應，但是不應應耳。

華嚴明佛智廣大，金光談如智獨存，豈曰默然如空，無知無照？無心心者，一非妄有故，二寂而能照故。問：無心之心，應不應機邪？答：又非不應等。後得無私，但隨感而現，現無現相，故云爾爾，即前云功高不仁等。亦可即寂故不應，即照故應。以今不應之應，顯上無心之心，上體此用。

是以聖人應會之道，信若四時之質實，直以虛無爲體，斯不可得而生，不可得而滅也。

大權利物，是唯無感，感之必應，信若四時也。直者，正也。虛無者，語借老氏，謂般若之體妙湛絶相曰虛，永盡惑取曰無。「斯不」下，結成。賢首大師云：「非生非滅，四相之所不遷。」謂既以至虛爲性，則感來非生，感謝非滅，故云不可得等。

難曰：聖智之無，惑智之無，俱無生滅，何以異之？

此辨真妄宛殊，而云俱無。俱無則同無生滅，智、惑何分？

答曰：聖智之無者，無知；惑智之無者，知無。其無雖同，所以無者異也。

聖心無知，無惑取知見等相故。惑智知無，謂妄知緣生，其性本空故。其名雖同，其義實異。亦猶真俗皆諦，諦義元殊。

何者？夫聖心虛靜，無知可無，可曰無知，非謂知無。惑智有知，故有知可無，可謂知無，非曰無知也。

謂聖心遍計已斷，識相亦滅，更無妄知之體可令無之。但可稱云無知，遮也。非謂知無者，表也。故永嘉云：「其〔一〕性了然故，不同於木石。」謂覺照炳然，光遍法界，豈曰知無？故荷澤云：「知之一字，衆妙之門。」華嚴十首問佛境界智、佛境界知，清涼釋云：「知即心體，智即心用。」此論智知，體用雙含爾。「惑智」下，反前可思。

無知即般若之無也，知無即真諦之無也。

若妄知對於妄境，妄知亦心。今以般若照之，妄知性空即是真諦之境，如前云五陰清淨是也。一心一境，二相歷然，如何但認空同，不觀心境各異？

是以般若之與真諦，言用即同而異初句，言寂即異而同次句。同故無心於彼此釋，異故不失於照功。

〔一〕「其」，禅宗永嘉集作「自」。

釋前初句。

是以辨同者同於異，辨異者異於同（三俱句），斯則不可得而異，不可得而同也（四非句）。

此中具有四句，但文隱難見，今具出之，令無餘惑。初句承前，雙標心境，爲寂用同異所依之法體。心境，法也。寂用，義也。同異，但料簡寂用爾。言心境者，即智而如，境也；即如而智，心也。不二而二，體用恒殊；二而不二，心境一觀。華嚴迴向說：「未有如外智能證於如，未有智外如爲智所證。」今論中言寂即如也，言用即智也。正由如智同源，體用一致，故得同異自在。四句全現體用，非異曰同，非一曰異。已知大〔一〕義。「言用」下第一句，即同而異者，謂即體起用，用與體殊。下躡釋云異故不失於照功。「言寂」下第二句，即異而同者，謂攝用歸體，體與用一。下躡釋云同故無心於彼此，彼此目心境也。「是以」下第三俱句，雙攬前二，成此第三爾。是以辨同者，牒前同句，具云：是以辨異而同者，以其但同於異故，云異而同，蓋即異而同也。辨異者，牒初異句，可準前說，亦即同而異也。二句同時。「斯則」下第四非句，承前第三而成，以同於異故非同，異於同故非異。具云：不可得乎異而同，同而異也。下寂用各辨，中但叙前二句，以後二句從前生故。

何者？内有獨鑑之明，外有萬法之實。萬法雖實，然非照不得。内外相與，以成其照功。此則聖所不能同，用也。

〔一〕「大」，底本作「太」，據大正藏本改。

釋前第一句。以心爲内，以境爲外。獨鑑者，無二之照故。萬法之實者，實謂真實，諸法實相故；又空亦名實，緣生性空故。前云實相、性空、緣會，一義等。上列心境。「萬法」下，明智證理，唯甚深般若能照蘊等皆空也。「内外」下，謂如如之境待般若以證，亦由證境成般若之功。「此則」下，結成異句。

内雖照而無知，外雖實而無相，内外寂然，相與俱無，此則聖所不能異，寂也。

釋前第二句。此中内外俱無，如智雙泯，寂亦不立。假彼寂同以遣其異，異既遣矣，沒同果海，唯證相應，非思非議。文義可解。

是以經云「諸法不異」者，豈曰紀鳧截鶴，夷平岳山盈滿壑，然後無異哉？誠以不異於異，故雖異而不異也。

初句牒經，大品遍學品云「諸法無相，非一相，非異相。若修無相，是修般若」等。此中略引一句也。「豈曰」下，引事會釋。鳧雁屬脛短者，鶴脛長者。意云：諸法差別，如鳧短鶴長等，然性無不空，空故不異，不待紀截夷盈然後平等。亦文借莊子，彼云：「鳧脛雖短，紀之則憂；鶴脛雖長，斷之則悲。」「誠以」下，不以諸相爲不異，但以性空平等故不異也。

故經云：「甚奇，世尊！於無異法中而説諸法異。」又云：「般若與諸法，亦不一相，亦不異相。」信矣！

大品六喻品云：「世尊！云何無異法中而分别説異相？」「又云」下，大品照明、遍學品云：「諸法無相，非一相，非異相。」合亦無所合。初段不分心境，即同而異。後段心境相對，非一非異。雙證前文。信受者，聖教爲定量故〔一〕，亦見法無疑故。

難曰：論云「言用則異，言寂則同」，

舉前文爲疑起之因。

未詳般若之内，則有用寂之異乎？

疑聖心唯一，如何復有寂照之二？二則非一，一則非二，故成相違。

答曰：用即寂，寂即用。用寂體一，同出而異名，更無無用之寂而主於用也。

初二句相即顯一，次二句釋成非異。正因相即，所以非異。「同出」下，語借老氏，亦非寂用復有同出之源，但論主巧用彼，又不可隨文取義。後二句謂即用之寂與用爲體，豈有用外單寂而來主於用邪？主，猶體也。亦合云，又無無寂之用以賓於寂。約體用重輕假分賓主。

是以智彌昧，照逾明實；神彌靜，應逾動權。豈曰明昧動靜之異哉？

〔一〕「聖教爲定量故」後，大正藏本衍「量故」。

心用之外了無寂境故。此但屬般若，成立本論也。謂二智皆即寂而照，正照而寂。「豈曰」下，會歸一致。前約寂用非二，答成一體。此約權實一心，寂照雙含。實相般若該心境，融真妄，總萬法，括二乘，未有一法非實相也。

故成具云：「不爲而過爲權。」寳積曰：「無心無識，無不覺知實。」

成具即經正文。

斯則窮神權盡智實，極象外之談也。即就之明文，聖心可知矣。

通結上文，謂窮二智之玄理，盡物外之清談也。明文者，謂前所引聖教。依教出理，般若之道可知悟也。然上九翻問答，皆決擇前宗。但初翻揀彼儒老不矜不恃，遠非般若。中間七次或權實雙明，或二智殊辨，或境智合説，或同異料簡。至於第九，寂用同源，歸般若之極致爾。

劉公致問〔一〕

致，至也，説文曰：「送詣也。」諸説公名程之，字仲思，彭城人，漢楚元王之裔。外善百家，内研佛理，

〔一〕肇論校釋（中華書局）本作「劉君致書覈問」。

與儒者雷次宗、宗炳、周紀之等，皆當代名流，事遠公於廬阜，稱十八賢，精結蓮社。時龍光寺生法師入關，就學於什公，因與論主莫逆。生公南返，乃以前論出示廬山社衆。遺民覽之，歎曰：「不意方袍，復有平叔。」因以興問，實曰起予。瑶和尚云：「雖跡在遺民，亦遠公之深意。」

遺民和南。頃餐味徽美聞去聲，有懷遥佇久立，歲末寒嚴，體中道如何？音信寄壅隔，增用抱蘊。弟子沉痾病身草澤藪澤，常有弊瘵病耳。因慧明道人北游，裁纔同〔一〕通其情。

遺者，逸也，謂野逸散民，比跡虞仲、夷逸，亦自號也。公亦嘗爲柴桑令，值桓玄僭逆初萌，乃歎曰：「晋室無磐石之固，蒼生有累卵之危。」因去廬山，辟命弗顧。太尉劉裕見其野志冲邈，乃以高尚人相禮云云。和南者，天竺敬禮之辭。「頃餐」下，名達曰聞，謂近味美名，遠懷思慕，久立遠望也。本傳佇作仰字。蘊者，積蓄不通也。時南北兩國，故音信難通，增其蘊積耳。「沉痾」下，謂陸沉病身於山林草澤之中，更嘗有弊困之病也。

古人不以形疎致意淡，悟涉則親。是以雖復江山悠邈，不面當昔年，至於企懷風味，鏡鑒心像跡，佇悅之勤，良以深矣。緬遠然無因，瞻霞永歎，順時愛敬，冀希因行李，數頻有承聞。

引古量今，妙契一貫，豈以地殊而隔？悟同則親。是以云云。企懷，謂劉公企仰而懷思也。風味，謂肇公

〔一〕「同」，大正藏本作「司」。

德風道味。像跡，即上風味影像蹤跡也。鏡心，謂鑑於劉公之因此，佇立而悅慕，勤勤不忘。無因者，無由一見也，但遠望秦中煙霞長歎爾。行李，游人也。聞謂音問，當遇行人令我頻承師之音問。

伏願彼大衆康安和，外國法師常休慶納。

祝也。外國法師，什公也。

上人以悟發之器而遘遇茲淵深對，想開究之功，足以盡過半之思。故以每惟乖差闊遠，憤媿何深！

悟發者，謂遇什公明悟開發也。淵對，指什公。「開究」下，謂開解窮究般若之道。想足盡了過半之思，意云：已盡過半。語用繫辭，謂悟極聖心也。「故每」下，劉公每思南北乖違疎闊，不親一見，憤媿深也。

此山僧清常，道戒彌勵勉，禪隱之餘，則唯研唯講，恂恂敬貌穆穆和，故可樂矣。

一所棲同處，二居戒甚勉，三禪定隱跡，四禪外講學，五相敬相和。略張四行，六和備矣。

弟子既已遂宿心而覩茲上軌，感寄之誠，日月銘至。

謂已果昔日棄世之念，又遇法社上妙軌範，感心寄託之誠，皎然不欺，唯指日月可以銘記之。至，到也。亦擬春秋諸侯盟誓之辭。中吳源公云：「誠心銘刻，明如日月。」瑤本至作志，甚通。

遠法師頃恒履宜，思去聲業精詣至，乾乾宵夕。自非道用潛流，理爲神遇會，孰能以過順之年，湛氣若[一]茲之勤。所以憑慰既深，仰謝逾益絶。

履宜者，謂履踐道候相宜順也。思業，謂禪思行業。乾，健也，易初卦云：「終日乾乾。」是以建德匪懈，曉夜勤勤。予近稟灌頂上師著思吉剜卜，元言法救，行道精健，兢兢宵夕，學廣德高，叔世一人也。自非，正歎，謂遠公如斯乾乾，蓋神智證理，即道之用潛注流行，故能爾爾。過順者，孔子自謂六十而耳順，今謂遠公六旬已上人也。「所以」下，劉復自叙，意云：謂遠德高廣，所以托身慰心亦深。恩大難答，致令仰德報謝，其路尤絶。

去年夏末，始見生上人示無知論，才運清俊，旨趣中沉允深當，推涉聖文，婉美而有皈。披味慇懃，不能釋手。真可謂浴心方等之淵，而悟懷絶冥之肆者也！

謂論主澡浴心智於方廣海中。絶冥者，至深也。肆者，如市肆之肆，謂悟徹深性處。

若令此辨論遂通，則般若衆流，殆將不言而會，可不忻乎！可不忻乎！

理非廣略，學貴樞機。樞機入手，衆流普會，豈可不悦？悦之又悦，故再言也。衆流指八部般若。

然夫理微者辭險，唱獨者應稀，苟非絶言象之表者，將以存象而致乖乎？意謂答以緣求智

[一]「若」，底本無，據肇論校釋（中華書局）本補。

之章，婉轉窮盡，極爲精巧，無所間然矣。

初句雙歎辭理，謂所詮般若微妙，令能詮論辭嚴峻。次句歎論主，獨唱如雪曲，唱孤，令和者亦鮮。「苟非」下，反推也。唯忘言者會指，存象者乖趣。「意謂」下，舉論以歎。婉轉，猶展轉也。間然者，同論語「禹，吾無間然矣」。彼釋間，謂間厠，蓋其理完密，無有間隙可厠入也。

但暗者難以頓曉，猶有餘疑一兩二也。今輒題之如別，想從容之暇閑，復能粗略爲釋之。

從容，舉動也。如別者，謂問在書外，今合之也。

論序云：「般若之體，非有非無，虚不失照，照不失虚，故曰：不動等覺，而建立諸法。」下章云：「異乎人者神明，故不可以事相求之耳。」又云：「用即寂，寂即用，神彌靜，應逾動。」

序者，指問答已前論文。下章下兩段，舉問答中第一、第九。

夫聖心冥寂，理極同無實，不疾而疾，不徐遲而徐權。

徐、疾，文借莊子，彼云：「徐則甘而不固，疾則苦而不入。」

是以知不廢寂，寂不廢知，未始不寂，未始不知。故其運物成功化世之道，雖處有名之中，而遠與無名同。

初四句通叙前文寂用一致。「故其」下，承前叙神彌静等二句，謂權智運物建化世之功，時雖居有名之中，以有名之世性空，即是實智印無名之理，二智無殊也。有名、無名，文出老氏，彼云：「無名天地之始，有名萬物之母。」

斯理之玄，固實常所迷昧者矣。

謂至理玄妙，我實迷昧而未入也。上乃就許，下方致問。

但今談者所疑於高論之旨，欲求索聖心之異，

遺民欲難，托於衆情，故云但今等。疑寂用非二之旨，以求權實兩殊。

爲謂說窮虚真諦極數俗諦，妙盡冥符合邪？謂[一]將心體自然，虚[二]怕獨感存邪？

餘本虚作靈字，瑶作虚字，今從之。問意云：論稱寂用相即爲一者，謂般若之用證窮真諦之虚，斷盡俗諦之數，妙盡冥符爲一邪？此難實智冥真爲一。「謂將」下，自然者，謂般若之用不在窮虚極數，當體虚怕，無相獨存爲一邪？此難疑無權智。言獨者，不應群機故。二邪字，疑而審之之辭。下雙闕。

若窮虚極數，妙盡冥符過，則寂照之名故是定慧之體耳。若心體自然，虚怕獨感過，則群數

[一]「謂」，肇論校釋（中華書局）本作「爲」。
[二]「虚」，肇論校釋（中華書局）本作「靈」。

之應，固實以幾近乎息矣！

若實智冥符爲一，何故前云寂照之二？以寂即是定，照即是慧，故依此求心，心應兩異。又若智體虛怕，獨存爲一，應不會於群數之機。既獨存不應，何故前云應適動？若許應動，自合實外別有一權智，以冥本寂時更不能應故。若如是者，二心宛殊。幾、息等言，文借周易，彼云：「乾坤或幾乎息矣。」

夫心數既玄，而孤運其照；神淳恬化物表，而慧明獨存。

文總四句，亦承前潛難無知也。初二句難實，意云：心與事數既妙盡玄寂，可許無知，不合云孤運其照，存照則有知矣。後二句難權，意云：神既淳靜於物外，應不對機，唯慧明獨存，可許無知，若許應會，豈非知乎？此文尤隱，詳下答辭方可圓解。

當有深證，可試爲辯之。

深證有二義：一論主證解，二深經證據。

疑者當以撫會、應機、覩觀變動之知，不可謂之不有矣。而論旨云本無惑取之知，而未釋通所以不取之理。

此難權智有取，意謂實智妙盡冥符，不取可爾，權撫物機，應大應小，觀物變動，此知定有。已上按定，「而論旨」下，舉論以難。理合有取，論反謂無，未通不取之理也。

謂宜先定聖心所以應會之道，爲當唯照無相邪？爲當咸覩其變邪？若覩其變，則異乎無相；若唯照無相，則無會可撫。

先可依二諦之境楷定聖心。若言心一者，假令權智應動，覩物之時，爲唯照物空無相邪？爲照俗動有相邪？「若覩」下，出違。若觀相撫會，定失無相；若唯見無相，却失撫會也。聖心唯一，定應得一失一。若令二諦俱得，理合權實兩殊。

既無會可撫，而有撫會之功，意有未悟，幸復誨之。

初句承前，後句明違。設許無會，聖心是一，復次違論，如前云功高二儀、無不爲等。後二句違而請通也。

論云：無當則物無不當，無是則物無不是。物無不是，故是而無是；物無不當，故當而無當。

敘前正論，以發疑端，下正難之。

夫無當而物無不當，乃所以爲至當；無是而物無不是，乃所以爲真是。

既云無不當，宜其至當也。真是例之。

豈有真是而非是，至當而非當，而云當而無當，是而無是邪？

是、當之義，已如前説。但劉公舉前文已是已當，後復云當而無當等，不知復拂是、當之跡。文如矛盾，義符膠漆。依名定理，有是問也。

若謂至當非常當，真是非常是，此蓋悟惑之言本異耳。固實論旨所以不明也，

恐救云：「我言無當無是，非是汎常是、當，故云當而無當等。劉復云：「若謂爾者，此蓋悟者謂至當真是，迷者謂常當常是，本自異爾，何須説云當而無當等邪？」依此訓無者非也。「固論」下，直非論意。恐滯於是、當，故拂之，劉公却取爲至當真是，心有所住，非般若也。見下答辭。

願復重喻曉，以袪除其惑矣。

惑不從師而解，其於惑也，終不免矣。

論至日，即與遠法師詳省之，法師亦好相領得意，但標位似各有本，或當不必理盡同矣。

好相領者，深許可也，本傳云，遠歎未嘗有也。得意者，蓋得作者之意也。「標位」下，謂標指般若宗位，師承各有源本，其理不必盡同。良以一心之上恒沙義相，專門受業，非全同也。瑶和尚云：「遠宗法性，什宗實相，但眼目殊號爾。」

頃兼以班布諸有懷，屢數有擊其節者，而恨不得與斯人同時也。

不唯與遠公詳省，又示諸懷道者，亦數有和而許者。廬山名士高人如慧持、慧永輩非少，而和者固非聊爾。節者，樂之音節，若今之擊板以節樂也。

論主書答[一]

書復前書，答釋前問。

不面在昔，佇想用勞。慧明道人至，得去年十二月疏并問。披尋返覆，欣喜若暫對。涼風屆節，頃常如何？貧道勞疾，多不佳[二]好耳，信南返迴不悉詳。

昔不相面，但企想勤勞。慧明，付遺民書者。暫對者，因書見意，暫如面對。貧道者，古之沙門謙稱，亦少有病疾，或勞心而得，是故云爾。書式有二幅三幅，此廣略二幅爾，略令先知大況故。

八月十五日，釋僧肇疏答。服像雖殊，妙期不二；江山雖緬遠，理契則隣近。所以望途致想，虛襟懷有寄。

初二句舊說連前，今詳義意，合貫廣初，題言疏答，即通答前問故也。次二句，形像衣服儒釋兩殊，玄妙歸期終無有二，亦殊途而同歸也。次二句謂南北雖遠，妙理唯一，契之則近。後二句，既理契即隣故，南望道

[一] 肇論校釋（中華書局）本作「論主復書釋答」。
[二] 「佳」肇論校釋（中華書局）本作「住」。

途而興想也。

君既遂嘉善遁隱之志，標越俗之美，獨恬事物外，歡足滿方寸，每一言集，何嘗不遠喻曉林下之雅詠，高致趣悠遠然。清散未期，厚自保愛。每因行李，數有承問，

初四句但叙前書云既已遂宿心等。嘉遁，即周易遁卦九五之辭。每一言集者，謂肇公與南來之人一言集會也。「何嘗」下，長讀至雅詠絶句。林下者，指盧山林下。雅詠者，即盧山社衆所作歌頌，如念佛三昧詠等。意云：論主凡遇南來，雖聊爾一言集會，彼人未曾不遠誦盧山諸公雅作歌詠，以相曉示也。因聞雅詠，見諸公高趣，悠然而遠。如下云：君與法師應數有文集，因來何少？大底二晋文章，句讀多難請詳。「清散」下，可解。

願彼山僧無恙憂，道俗通佳，

蓮社名流，僧俗兼有。

承遠法師之勝常，以爲欣慰。雖未清承，然服膺心高軌，企佇之勤，爲日久矣。公以過順之年，湛氣彌厲嚴勁，養徒幽巖，抱一冲深谷，遐邇仰詠，何美如之？每亦翹舉足想一隅，懸庇蔭霄岸際，無由寫盡敬，致慨良深。

「清承」下，未能稟承遠公之清範，然於高軌已服心歸仰，所以企立仰慕，時亦日久。「公以」下，但叙前書。抱一者，守道也。不獨景仰之，而又歌詠之也。「每亦」下，自叙。一隅者，以晋在東南故。論主每想盧

山德化，如懸蓋天際，蒙其清廕，但江山遠阻，盡敬無由，致令感慨深也。

君清對終日，快有悟心之歡也。

但欲寫敬，恨我無因。君獨清對終朝，悟心之歡，快哉多矣！

即此大衆尋常，什法師如宜，

草堂義學，儁彦五百，衆總三千。

秦王道性自然，天機邁俗，城塹三寶，弘道事務。由是〔一〕異典勝僧方遠而至，靈鷲之風萃集于兹土。

謂秦王好法之心，出自天然。機，亦性也，謂聰睿之性高出俗主。觀通鑑，姚興雖例五胡，實亦英主。「城塹」下，謂護持於法，如城如塹。「由是」下，德既如是，善必相應，異典勝僧方且不遠萬里而來也。略如下示。法門勝事無出斯時，似移鷲嶺之風集于此土。晋書什傳云：「羅什入關，人從化者十室而九。」

領公遠舉，乃千載之津梁也，於西域還，得方等新經二百餘部，請大乘禪師一人，三藏法師一人，毗婆沙法師二人。什法師於大石寺出新至諸經，法藏淵深曠遠，日有異聞。禪師於

〔一〕「是」，肇論校釋（中華書局）本作「使」。

瓦官寺教習禪道，門徒數百，夙夜匪不懈，邕邕和肅肅敬，致盡趣可樂矣〔一〕！三藏法師於中寺出律藏，本末精悉詳，若覩初制。毗婆沙法師於石羊寺出舍利弗阿毗曇胡本，雖未及譯，時問中事，發言新奇。

領公者，支法領也。據遠公傳，似遠公弟子，亦遠公使之令去西域，華嚴梵本等皆此師尋至。恨無正傳，華嚴大鈔略述元由。請大乘禪師者，即佛陀婆陀羅，此云覺賢，據本傳，智嚴所請。以賢學禪業於罽賓佛大仙，嚴亦學此，固請賢行，以傳其事。弘始中入秦，於瓦官寺教習禪道。江南慧嚴、慧觀，關中玄高等，皆從師受，論主亦在中矣。三藏一人，即弗若多羅也。本傳云：「罽賓人，備通三藏，姚興待以上賓之禮，令譯十誦，功及兼半而亡，曇摩流支紀譯方終。」毗婆沙法師二人者，曇摩耶舍、曇摩掘多也，俱載梁傳，不繁引之。「出新」下，或自賫梵文，或支公取得者。本末等者，本謂四重，末謂餘篇。新譯精詳，如見如來初制之戒也。餘文可解。

貧道一生，猥參嘉運，遇兹盛化，自恨不覩釋迦祇桓之集，餘復何恨！而慨不得與清勝君子同斯法集耳。

〔一〕「樂矣」，肇論校釋（中華書局）本作「欣樂」。

論主自慶也。明時難遇而遇，正友難逢而逢，方等深規律論遍覩，遭遇既盛，感慶良多。但恨身不厠於祇園，目不接於聖彩，同列身子，共聽圓音。「而慨」下，前歎自己不得清承於遠公，此慨遺民亦不能美預於嘉會。然觀二書，似各鬪美於一方，然亦兩宣其實也。郁郁陳跡，燦於傳記，流芳衰世，何其寥寥！

生上人頃在此，同止數年，至於言話之際，常相稱詠讚。中途路還詞緣切，迴也南，君得與相見。未更近問，悃悒何言！威道人至，得君念佛三昧詠，并得遠法師三昧詠及序。此作絶句興寄既高，辭致清婉，能文之士率稱其美。可謂游涉聖門，扣玄關之唱也。君與法師當數有文集，因來何少？

生公入關依什數載，與論主同止，亦頻讚遺民也。不得終世相友，故云中途迴南。「君得」下，謂生南去亦歸廬阜，故復相見。更，再也。近亦未再承於書問也。「悃悒」下，慨慕良多，口不容言也。傳說：「通情則生、融上首，精難則觀、肇第一。」良以騈肩八俊，聯衡十哲，同氣相求，同聲相應，二人莫逆，千古共談。「威道」下，蓮社修西方行，故諸賢作念佛詠。社主亦作，又制序也。威公南來，附至關内。此作者，指詠及序也。興，比興也，寄托也。致，猶理也。謂所寄清興既高，亦令辭理清婉。婉，美也。「能文」下，謂關中善文什之人皆稱其美。「可謂」下，論主讚之，謂作詠衆賢優游如來之門庭，扣擊玄關之唱詠。「君與」下，因見詠、序，宜多有文集，何故來者少邪？

什法師以午年出維摩經，貧道時預聽次。參承之暇，輒復條記成言絶句，以爲注解。辭雖不文，然義承有本。今因信持一本往南。君閑詳絶句，試可取看。

午年者，即弘始八年丙午也。「出維」下，謂什公且譯且講，論主參譯而聽，及承稟之暇，輒又條貫記録什公已成之言，注解一經。蓋謙也。師序云：「余以暗短，時預聽次，雖思乏參玄，然麤得文意，輒順所聞，爲之注解，略記成言，述而無作。」「辭雖」下，謙也。有本者，謂親承什公。「君閑」下，瑶本云詳議取看，甚通。

來問婉美切當，難爲郢人。貧道思不關微，兼拙於筆語。且至趣無言，言必乖趣，云云不已止，竟何所辨？聊以狂言，示詶來旨耳。

郢者，州名。莊子略云：郢人堊漫其鼻端，薄如蠅翼，使大匠斲之。匠者乃運斤成風，斤下堊盡而鼻不傷，郢人亦立不失容。意謂：斲者雖妙，而承者尤難，以喻公之難美而切當，譬匠者妙斲，論主答之，難如郢人。蓋謙謙爾。云云者，言說也。言多喪真，故云爾也。「聊以」下，許也。

疏云：稱「聖心冥寂，理極同無」，「雖處有名之中，而遠與無名同。斯理之玄，固常所迷昧者矣」。以此爲懷，自可忘言内得，取定方寸，復何足以人情之異，而求聖心之異乎？

自「疏云」至「者矣」，即前劉公就叙論旨之言。「以此」下三句，許其所得無差。「復何足」下，責其迷昧，復求心異。通斯意云：既知聖心冥寂，有無一致，自可外忘權實之異名，内得聖心之無異，中心印定，不復求異可也，何故復以人情分別之心，而求聖心權實兩異乎？

疏曰：談者謂「窮虛極數，妙盡冥符，則寂照之名故是定慧之體耳。若心體自然，虛怕獨感，則群數之應固以幾乎息矣上舉難，下出意」。意謂妙盡冥符，不可以定慧爲名；虛怕獨感，不可稱群數以息。

出問大意也，義如前釋。

兩言雖殊，妙用常一；迹我而乖，在聖不殊也。

兩言者，瑶和尚云：「妙盡冥符爲一言，虛怕獨感爲一言。」源公指權實爲兩言，義意甚同，今依之。前兩句直約聖心權實無異。後二句潛責求異迹者，謂二智照理達事之殊迹，但我人情分別爲異，非聖心權實兩殊。我雖通稱，且屬劉公。

何者徵？夫聖人玄心默照，理極同無，既曰爲同，同無不極，何有同無之極而有定慧之名？定慧之名，非同外之稱也。

答前初難。初四句謂妙盡冥符，寂照雙絕。何有下二句，反責當此同無極處，豈容定慧異名？問曰：若如是者，何故前云寂即用、用即寂邪？下釋云：定慧之名，非同外之稱也。意云：定慧之名即同無之寂照，豈離同外別有二名？

若稱生同内，有稱非同；若稱生同外，稱非我也。

遣妄執也。言生者，恐妄計云：同非定慧，但定慧生於同内。下遣云：有稱非同，謂有定慧兩名，依名取相，便非同也。若稱生同外者，謂定慧二名同異而出。下復破云：稱非我也，我指同無，無得之般若焉有同無之外别生定慧之名哉？

又，聖心虚微，妙絶常境，感無不應，會無不通，冥機潛運動，其用不勤，群數之應，亦何爲而息邪？

答前第二難也。初二句正智無相，亦無爲也。次四句量智應有，亦無不爲也。後二句反責。清淨忘照故曰虚微，非色非心可云妙絶。冥，猶默也，深也。機，目智也。潛，亦冥潛。如量無思，不應而應，智用何勤？故韋提懇切，運通而出於宫中；勝鬘仰祈，應念而現於空際。智則即實而權，身亦即真而應。而言幾息，是何言歟！

且夫心之有也，以因其有有。有不自有，

自此已下，答前二智體殊，謂正答心異，兼通有知也。初句標妄，次二句辨釋。諸心、心所由四緣起，緣有之有，故不能自有。

故聖心不有有。不有有，故蹑上有無有非有。有無有故，則無無非無。無無故，聖心不有不無。不有不無，其神乃虚。

初句承前妄心有有，以顯聖心非緣有而有，故不有有。躡此三字，展轉釋成非有非無，中道莫寄，至虛至寂之心。文相可解。

何者？

亦雙徵真妄。

夫有也無也，心之影響也；言也象也，影響之所攀緣也。

欲明聖智雙非，先示有無妄念，爲下雙非義因。初二句中，影因質起，響自聲騰，謂心緣有無之時，有無之相是心之影響，心者如質如聲。「言也」下，謂心緣有無二境，復生言象，言象既立，心於其中計有計無追攀緣慮也。此同起信由心現境，智復分別，相紀執取等。大乘二十頌略云：如人畫羅叉，自畫還自畏。

有無既廢，則心無影響。影響既淪（喪），則言象莫測。言象莫測，則道絶群（諸）方（象）。道絶群方，故能窮靈極數。窮靈極數，乃曰妙盡。妙盡之道，本（体）乎無寄。

初句躡前不有不無也。連下三句相躡，但翻前妄心。後有八句，亦相因而成。至妙盡無寄，心境亡，寂用泯，皆無寄。擬大意連後一唱，只就難辭躡而通之，顯二非殊也。

夫無寄在（因）乎冥寂，冥寂故，虛以通之；妙盡存（因）乎極數，極數故，數以應之。數以應之，故動與事會；虛以通之，故道超名外。

初三句冥真，次三句成權，環而釋之，意顯非異。文亦尤難，今細示之。問：何得無寄？答：由冥寂故。冥寂即窮虛也。問：何得妙盡？答：由極數故。數以應之者，即實成權也。了俗由於證真，證真不離諸數，豈非即應邪？此中妙盡非謂宰割，悟其性空即是盡義。次二句應事，後二句合，謂心境冥寂，非名非相，只就劉難，二知何殊？

道超名外，因謂之無；動與事會，因謂之有。因謂之有者，應非[二]真有，强謂之然耳。彼何然哉？

此論有無，含有二義：一有體無體之有無，二有知無知之有無。前後例同。此中之意，爲超名相，故曰無，無豈斷滅？爲與事會，故曰有，有豈常存？然般若約表四句皆是，約遮四句皆非。表以顯德，遮以離過。故勝熱四火居之四邊，中有刀山，取之則四焚，虛心則通照。分別則割體，忘懷則斷惑。後有四句復拂。以真智妙存，且以有名之，此猶剩之，真豈屬有？以後例前，無亦强謂。

故經云：「聖智無知而無所不知，無爲而無所不爲。」

舍利品云：「菩薩行般若波羅蜜，知一切衆生心亦不得，衆生乃至知者、見者亦不得。」照明品云：「般若能照一切法，畢竟淨故。」三慧品云「一切無所爲，般若亦無所爲」等。此中合集前後，引之以顯聖心知而

〔二〕「非」，底本作「夫」，據肇論校釋（中華書局）本改。

又爲，證權實不異也，兼證有知、無知一致。

此無言無相寂滅之道，豈曰有而爲有，無而爲無，動而乖靜，靜而廢用也。

初句顯體，下皆正責。有無不羈，何云有知？動靜不乖，何云心異？已上答前二智體殊，此下方答二智有知，亦正答有知，潛答心異。以第一難中顯難心異，潛難無知，故答中亦顯答心異，潛答有知。難中以相次而起，答中亦相次而答也。

而今談者，多即言以定旨，尋大方而徵求隅，懷前識以標指玄，存執所存之必當。

初句汎指時輩，亦在問者。次句隨聲取義，過失尤多，不必雷同，故云多等。多字貫下諸句。次二句大方、前識俱出老氏，彼云「大方無隅」，又云「前識者，道之華」。如人欲游大方，反求廉隅，以況欲悟非有非無之般若，反於有知無知中求。前識即惑取也。存分別之識，標指無分別玄妙之智，恰與相反。後句所存者，謂胸臆所見也。執胸臆之見，定爲允當。

是以聞聖有知，謂之有心，聞聖無知，謂等太虛。

由前四謬，成此二見。

有無之境，邊見所存示過，豈是處中莫二之道乎？

不合中道，反墮斷常。

何者徵？萬物雖殊，然性本常一，不可而物，然非不物。

初二句，緣生故萬殊，性空故常一。二諦之境，非一非異。下二句，緣生無性故，不可爲物；無性緣生故，亦非不物。

可物於物，則名相異陳；不物於物，則物而即真。

初二句迷也。可謂取著，則成於名相，名相紛紜，不達三假，故云異陳。賢首大師云：「真空滯於心首，恒爲緣慮之場。實際居於目前，翻成名相之境。」後二句悟也。物非主宰，受取亦空，不捨名相而入圓成。後句恐悮，宜云即物而真。

是以聖人不物取於物，不非物於物。不物於物，物非有也；不非物於物，物非無也。

初二句，從緣非有故，云不物；緣起不無故，云不非等。後四句承前以辨中道。

非有，所以不取；非無，所以不捨。不捨，故妙存即真；不取，故名相靡因。名相靡因，非有知也；妙存即真，非無知也。

不取者，名相本空，取之不得故。不捨者，實相妙存，離之不得故。次四句中，由不捨故，即事而真。湛然無相故，曰妙存。由不取故，名相無因而起。又名與相相因而生，苟不取著，相因自亡。後四句中躡前，釋成雙非。非有知者，所知空故；非無知者，心妙存故。

故經云：「般若於諸法，無取無捨，無知無不知。」此攀緣之外，絕心之域，而欲以有無詰者，不亦遠乎？

放光第十三中，文具云「般若波羅蜜於諸法」等，「無知」下復在別卷，如前引以五陰乃至十八不共等。相空故無取，無取則無知；妙存故無捨，無捨則無不知也。此攀緣下，論辭舉體而責，可知。

請詰問夫陳有無者。夫智之生也，極於相內。法本無相，聖智何知？世稱無知者，謂等木石太虛無情之流。靈鑑幽燭照，形顯于未兆；道無隱機微事，寧曰無知？

初句詰前但今談者。「夫智」下四句，對妄顯真，以示無知。「世稱」下，揀異木石，以示有知。「靈鑑」下，正顯智體。「形于」下，示智用。遍知未來故曰未兆，悉覺現在故無隱機。現、未既然，過去應爾。華嚴云：「智入三世，悉皆平等。」寧曰無知者，四無所畏，徵之而汙竟弗生；十力所能，照之而事無不契。達僧祇之數量，塵墨難名；窮法界之泉源，太虛何限！遍知若此，豈曰無知邪？

且無知生因起於無知，無無知也，無有知也。

字悞，應云無知生於有知。謂無知亦相待而起，第一義中二名俱無。

無有知也，謂之非有；無無知也，謂之非無。所以虛不失照，照不失虛，怕然永寂，靡無執靡拘。孰誰能動之令有，靜之使無邪？

初四句可知。「所以」下二句，承前釋成權實雙現，次一句雙亡，後一句離著。能所兩亡，無執也；有無雙非，不拘也。「孰能」下，結責，謂動靜二智非異，有知無知何殊？

故經云：「真般若者，非有非無，無起無滅，不可說示於人。」

證成前義。

何則徵？言其非有者，言其非是有，非謂是非有。言其非無者，言其非是無，非謂是非無。非有非非有，非無非非無。

且徵經中非有非無而釋之。初句牒經，據起信論釋，皆遮過之義。因執般若是有故，言非有，反執云是非有。下復破云非謂是非有。無亦例然。後二句重遮，由聞前說，不住有無，却住於非有非無，故今遣云非非有，拂却非有，非非無，拂却非無。雖曰不有不無，豈住於不有不無哉？

是以須菩提終日說般若而云無所說。此絶言之道，知何以傳？庶希望也參玄君子有以會之耳。

放光無住品略云：須菩提語諸天子言，我所說者，常不見一字，教亦無聽者等。「此絶」下，本離言說，亦無相想，以知求智何以傳？通遣言象也。君子者，指遺民。依斯通釋，有可領會，以前云當有深證等，故此結之。

又云：宜先定聖心所以應會之道，爲當唯照無相邪？爲當咸覩其變邪？

據前難，先難覩變之知，謂有所取，然後云宜先定聖心。此難通有二意：一難有取，二難心異。今答中先答心異，躡此後答不取，文義相順故也。

談者似謂無相與變，其旨不一，覩變則異乎無相，照無相則失於撫會。

就叙遺民求心有異。

然則即真之義，或有滯也。

即真等者，即俗而真之義，或似滯而未通。

經云：「色不異空，空不異色。色即是空，空即是色。」

大品第二也，彼云非色異空等。有執色處非空，空處非色，故經云色不異空等。有執析色方空，空不在色，故經云色即是空等。寶性論說：「初心菩薩於空未了，有三種疑云云。」今以色空相即，二諦相融，先辨境通，後示心一。

若如來旨意，觀色空時，應一心見色，一心見空。

設爾何失？

若一心見色，則唯色非空；若一心見空，則唯空非色。然則空色兩殊陳，莫定其本也。

前四句各一句縱前，各一句奪而出過。若唯色非空，何故經云「色不異空，色即是空」？唯空例同。「然則」下，正明其違。本謂經也，亦本旨也。若空色殊觀，豈不違經空色相即之旨，二而不二文乎？

是以經云非色者，誠以非破斥之辭色於色，不非色於非色空。

牒經以釋色即是空，故牒非色。初出正理，謂凡夫執青、黄等相，皆謂實有者，不了從緣性空之理。故經破著，即於青、黄色中，求色無實，如幻如夢，故云非色於色。

若非色於非色，太虚則非色，非色何所明？

此釋前不非色於非色也。本就所執色中非斥如幻，以顯真空，故云非色。若非色於太虚，太虚本非色，何用更非？則非色名義自不成立。

若以非色於色，即非色不異色；非色不異色，色即爲非色。

前二句色空不異，後二句顯空色相即，成前經意。

故知變即無相，無相即變，群情不同，故教跡有異耳。考之玄籍，本之聖意，豈復真僞殊心，空有異照邪？

承上經意，以所照空有二而不二，答能照之心二智一體。「群情」下，亦會違。何故亦有説云「真俗迢然，二智各照」也？釋云：由群情云云。玄籍者，指前所引之經。真僞是心，空有是境。僞目權智。

是以照無相，不失撫會之功初句；覩變動，不乖無相之旨二句；造有不異無，造無不異有三句。未嘗不有，未嘗不無四句。

依心照境，四句料簡皆顯非異。初句無相即相，智照之時實而恒權。二句變動即靜，故權而恒實。三句有不異無，非有也；無不異有，非無也。以境非有無，心造之時理量雙絶。四句中亦承前起，雖非有非無，不妨亦有亦無。若心若境，遮表四具，遮亦非異，表亦無殊。此中照及撫會、覩、造等言屬心，無相、變動及三中有無係境，四中有無通心。文理昭然，不敢狂簡。

故曰：不動等覺，而建立諸法。

即真成俗也。

以此而推，寂用何妨？如之何謂覩變之知異無相之照乎？

初二句承前以明心一，「如之何」下責異。

恐談者脱謂空有兩心，靜躁殊用，故言覩變之知，不可謂之不有耳。

承前無異以答不取，故復標談者。此但先出問意，然後答之。差謂以權實不一之心，觀空有兩殊之境，謂言靜智無知，動智覩變，豈無知取乎？脱亦忽也。

若能捨己心於封内，尋玄機於事外，齊萬有於一虛，曉至虛之非無者，當言至人終日應會，與物推移，乘運時撫化，未始爲有也。

玄機者，真智也。初句令捨情執封滯，無懷前識以標玄，存所存之必當。事外者，令無即言定旨，尋大方而徵隅。「齊萬」下，謂觀緣萬殊，性空齊一，非有也；至虛只在緣中，非無也。「當言」下，承前以明不取。夫能如是忘情了境，始可與言心也已。推移者，瑤師云：「進退也。」權多方，推移何定？以萬有故撫化，由一虛故無爲。

聖心若此，何有可取，而曰未釋不取之理邪？

爲即不爲，何有知取之情？

又云：無是乃所以爲真是，無當乃所以爲至當，亦可如來言耳。若能無心於爲是，而是於無是；無心於爲當，而當於無當者，則終日是，不乖於無是；終日當，不乖於無當。

此但遣情，不遮是、當。於是於當苟能忘心，則終日是、當不乖於無是、無當也。我令於是於當忘心離著，誰斥非是非當？

但恐有是於無是，有當於無當，所以爲患耳。

心有住於是、當，亦惑取之患。

何者徵？若真是可是，至當可當，

有所著也。下彰其過患云。

則名相已[一]形起，美惡是生，生生奔競，孰與止之？

[一]「已」，肇論校釋（中華書局）本作「以」。

名相一起，好惡從生，煩惱〔一〕紛然，諸業隨造，奔走四生，競馳五趣，從生至生，誰能止息？是以聖人空洞其懷，無識無知。然居動用之域，而止無爲之境；處有名之内，而宅居絶言之鄉。寂寥虚曠，莫可以形名得，若斯而已矣。

初二句總顯聖心。非有了別，故云無識；亦非知覺，故云無知。次二句相即無相，次二句名即無名。非名曰寂，非相曰寥。「虚曠」下，成前空洞耳。

乃曰：真是可是，至當可當。未喻曉雅旨也。恐是當之生，物謂之然，彼自不然，何足以然耳？

是當之心但於名相之物如是而轉。彼般若之體真至雙絶，何足以真是至當爲般若邪？

夫言迹象之興，異途之所由生也。而言有所不言，迹有所不迹。是以善言言者，求言所不能言；善迹迹者，尋迹所不能迹。

此有二義：一遺民依言求理，二論主依言答難。今皆遣之：一令妄言會旨，二顯言即無言。初二句雙明過患所由，由於言象。異途，謂異執宗途也。「而言」下二句有二義：一言象本空故，二聖心本絶故。「是以」

〔一〕「惱」，底本作「煩」，据大正藏本改。

下，承前正示，文甚隱奥，具云：善言言者，當言言所不能言之言。謂理非言到，故云言所不能言；寄言顯理，故云當言。如經云無説無示，豈不説邪？又云文字性離，豈取言邪？以遺言之言談離言之理，方爲言所不能言之言爾。迹可例説。

至理虚玄，擬心已差，況乃有言？恐所示轉遠，庶通心君子有以相期於文外耳。

「擬心」下，謂一念起時，已落分别，況依分别而興言象，豈非轉遠？餘文可解。然遺民師承社主，遍友群賢，豈實執異？但嘉雅論精巧，深無不至，假問請〔一〕談，發揚其妙，不可執迹以輕君子。

肇論新疏卷中

〔一〕「請」，底本作「精」，据大正藏本改。

肇論新疏卷下

五臺大萬聖佑國寺開山住持、釋源大白馬寺宗主、
贈邽國公、海印開法大師、長講沙門　文才　述

涅槃無名論第四

涅槃，唐譯圓寂，謂四德已備曰圓，三障已亡曰寂，即第一義真、該通空有佛性是也。故下文中亦敘第一義，意在於此。亦名盡諦，如宗中說。約位，則凡夫具而未證，三乘證而未極，佛果道圓，證無不盡；剋體，則因果同源，依正平等，在闡提不減，登極喜非增，下論云：「天地與我同根，萬物與我一體。」然約出處，說有四種：一自性，二有餘，三無餘，四無住處。體用混〔一〕成，四而非四，詳下可了。無名者，二意：一約對待，謂隨流名生死，返流名涅槃，相待而生，因云涅槃。生死若寂，涅槃絶待，對誰名涅槃邪？故經云：

〔一〕「混」，底本作「涅」，据大正藏本改。

「生死及涅槃，二俱不可得。」二就本體，謂名因相起，相隨名現，涅槃非相，名自何生？下論云：「不可以形名得。」如本經亦說，涅槃名爲强立。所以淨名杜口，遍友亡言，只爲無名，故不説示。雖秦王首唱，論主發揮，共稟教源，述而不作。

僧肇言：肇聞天得一以清，地得一以寧，君王得一以治天下。

表端不稱臣而稱名，方外之高也。後世弗能，亦有臣稱。「天得」下，語出老氏。一謂自然之道，三者得一，然後能清寧等。

伏惟陛下叡聖哲智欽敬明，道與神會，妙契環中，理無不統貫，游刃萬機，弘道終日，威被蒼生，垂文作則法。所以域中有四大，而王居一焉。

尚書「叡哲舜德」，「欽明堯德」，以二帝之德美秦王也。道謂至道，屬涅槃也。神謂興之神智，證會此也。環中者，出莊子，彼齊物篇云：「樞始得其環中，以應無窮。」彼喻世之是非互指，彼此相反，如環而無窮，環中之虛則無是非之可寄，以況道也。理無不統〔三〕，謂衆理悉貫也。「威被」下，歎武以禦難，文以經世，謂垂布文教，與世爲法。四大者，老氏云「天大，地大，道大，而王亦大」等。

〔三〕「統」，底本作「説」，據大正藏本改。

涅槃之道，蓋是三乘之所歸，方等之淵府。渺漭希夷，絶視聽之域；幽致旨虚玄，殆非群情之所測。

根異有三，所歸元一。三乘出界雖殊，然放捨身命，共以大涅槃爲究竟之宅。渺漭者，水大之貌。「幽致」下，如叢篘，身子地滿智雲，智尚非知，況凡淺群情邪？

肇以人微，猥蒙國恩，得閑居學肆，在什公門下十有餘載，雖衆經殊致，勝趣非一，然涅槃一義，常以聽習爲先。

「十有」下，瑶公云：「十九見什，三十一亡。」「雖衆」下[一]，隨經所詮，宗趣無窮，涅槃之義先所聽習。

但[二]才識暗短，雖屢頻蒙誨喻，猶懷疑漠漠，爲竭盡愚不已止，亦如似有解，然未經高勝先唱，不敢自決。不幸什公去世，諮參無所，以爲永慨。

漠者，瑶云：「不分明也。」「然未」下，論主謙云，雖似有解，未曾經於高勝之人先示，不敢自判以爲必然。什弘始十一年終。

而陛下聖德不孤，獨與什公神契，目擊道存，快盡其中方寸，故能振舉彼玄風，以啓末俗。

[一]「下」，底本作「生」，據大正藏本改。

[二]「但」，肇論校釋（中華書局）本作「肇」。

相無名，何體何宗？恐心有所係，當以無寄爲宗耳。

斯乃窮微言之美，極象外之談者也。自非道參合文殊，德侔各慈氏，孰能宣揚玄道，爲法城壍，使夫大教卷而復舒，幽旨淪而更顯。

初二句美其解深。微言者，經論也。得經論之美趣，盡物外之高談。「自非」下，歎其德遠。王者四海之尊，三寶之主，歎雖過實，勢合如斯。「使夫」下，謂佛法大教卷而復伸，無名幽旨沉而又彰，皆王之力也。

尋玩慇懃，不能暫捨，欣悟交懷，手舞弗暇。

謂所得既深，欣感亦厚，不期於舞。手自舞之，舞之弗止，亦應足之蹈之。

豈直當時之勝軌，方乃累劫之津梁矣。

教既弘闡，利及無窮。

然聖旨淵玄，理微言約少，可以匠法彼先進，拯拔高士，懼言題名之流，或未盡上意，庶擬孔易十翼之作，豈貪豐文，圖以弘顯幽旨，輒特作涅槃無名論。論有九折十演，愽采衆經，託證成譬[一]，以仰述陛下無名之致。豈曰關詣神心，窮究遠當？聊以擬議法玄門，班布喻學

[一]「譬」，肇論校釋（中華書局）本作「喻」。

徒耳。

「可以」下，謂無名之旨深妙，唯可法於先進，拔高士之疑也。懼言題等者，謂守名言之輩但聞無名，未能盡解上意。上屬王也，司馬遷紀事，以帝爲上故。「庶擬」下，謂比擬十翼，以作十演，且被守言後進之輩。易本伏羲畫卦，文王繇辭，周公繫爻，孔子作十翼，即上象、下象等。今九折十演彷佛于斯。「豈貪」下，不在廣文，而在演旨。「輒作」下，可知。「豈曰」下，雖作演論，不敢自謂闚涉造詣神妙之心，極盡玄遠允當之理。「聊以」下，但倣法妙理之門，布曉學者爾。

論末章云：諸家通第一義諦，皆云廓然空寂，無有聖人。吾常以爲乖殊[一]，太甚逕庭，不近人情。若無聖人，知無者誰？

末章者，答姚嵩書末後之章。「廓然」下，時計勝義空寂，不容有聖。「吾常」下，正明。乖殊，差異也。下二句，莊子文，林希逸云：「疆界相遠也。今言太甚，蓋遠之又遠。」「若無」下，反覈。由證勝義，故爲聖人，今爲無有者，證無者非聖而誰？無指空寂。

實如明詔！實如明詔！夫道恍惚窈冥，其中有精，若無聖人，誰與道游？頃諸學徒，莫

[一]「乖殊」，肇論校釋（中華書局）本無。

不躊躇道門，怏怏此旨，懷疑終日，莫之能正。

初二句正許，「夫道」下出理。「恍惚」下，文借老氏，彼云：「恍兮惚，其中有物；窈兮冥，其中有精。」謂有無難象〔二〕，故云恍惚；深窈叵測，故云窈冥。意以窈冥目空寂，有精目聖人。躊躇者，將進將退之貌。怏怏，謂中心欝滯不通之謂。

幸遭高判，宗徒憹火麥切然，扣關之儔，蔚澄玄室，真可謂法輪再轉於閻浮，道光重映於千載者矣。

憹，破帛聲，喻疑情破也。蔚，草木盛貌。玄室，謂勝義涅槃。意云：達逢明君高見判決，疑蓋憹然而裂，扣關者盛登於玄室也。「真可謂」下，歎。

今演論之作立旨，曲辨涅槃無名之體，寂彼廓然排方外之談，

作意有三：一演無名，二寂異説，三按梁傳，亦由什公長往，翹思彌厲，感而作也。雲庵云：「寂者，息也。息諸家廓然斷見也。排，斥逐也。」前文別無叙方外之説，今兼排斥，意謂當時學流計空廓無聖方爲物外，或排權小界内生死界外涅槃等。今體用不二，誰内誰外邪？故下云標其方域，不亦邈哉！

條牒如左，謹以仰呈。若少參同聖旨，願敕存記，如其有差，伏承指授。僧肇言。

〔二〕「象」，底本作「彖」，據大正藏本改。

條謂條段，牒謂紙未有時但書簡牒。今從古用，條段十演于牒以進。指授者，指示教授，謙禮於君。本傳云：「興覽之，答旨慇懃，備加讚述，敕令繕寫，班諸子姪。」其爲時所推重如此。

泥曰、泥洹、涅槃，此三名前後異出，蓋是楚夏不同耳。云涅槃，音正也。

西來梵僧五竺不同，鄉音成異，亦猶此方楚夏輕重。

九折十演者

折謂折辨，有名興難曰折。演謂流演，無名通情曰演。

開宗第一

十演之一也。開，張也，宗，本也。初略張宗本，令識大義，後方折演，委細巧示，令人深入，倣於孝經命章云爾。後之九演，宗此演此。

無名曰：經稱有餘涅槃、無餘涅槃者，秦言無爲，亦名滅度。

欲明無名之致，故牒有名之二。竟顯此二應物假號，以悟真常無名之妙。

無爲者，取乎虛無寂寞，妙絶於有爲。滅度者，言其大患永滅，超度四流。

無爲據體而言，滅度息障而稱。分段變易爲大患，欲見有礙爲四流。

斯蓋是鏡像之所歸，絶稱謂〔一〕之幽宅也。

初句喻況，以明所歸。後句法説，略彰無名。有無之跡如鏡中之像，像虛歸鏡，跡虛歸性。此句絶相，下句離名。幽宅目涅槃，以是三乘九流之所歸處，義言宅也。問：若云絶稱，何立二名？

而曰有餘、無餘者，良是出處之異號，應物之假名耳。

出處，猶動靜也。出名有餘，處名無餘。出處不同，有無名異。應物而有，不應則無，以故爲假。

余嘗試言之：夫涅槃之爲道也，寂寥虛曠，不可以形名得；微妙無相，不可以有心知。超群有以幽升，量太虛而永久。隨之弗得其蹤，迎之罔不眺見其首。六趣不能攝其生，力負無以化其體。潢漭恍惚，若存若往。五目莫覩其容，二聽不聞其響。冥冥窅窅，誰見誰曉？彌綸靡所不在，而獨曳出於有無之表。

「夫涅」下，總十九句。初句標體，餘皆辨相。即自性清淨涅槃，通凡及聖，如出現經體性真常門。初二對皆上句顯相，下句顯離，前離名相，後離心緣。「群有」下，二十五有離苦也。「量太」下，量等太虛而永久，

〔一〕「謂」，肇論校釋（中華書局）本無。

妙存非空也。「隨之」下二句，非前後際，離無常也。「六趣」下二句，生滅離也，亦離無我，謂涅槃真我有實主宰自在義故，不能攝之令生，化之令滅，此約破二乘末四倒以釋。「潢漭」下，積水成池曰潢，水大曰漭，今取廣大之義。存往難定，故云恍惚，謂言存此，邈然往彼，謂言往彼，居然存此，亦如老氏：「大曰逝，逝曰反。」亦可存往猶有無也。「五目」下，成前無相，五目即五眼。二聽即二耳，成前無名。「冥冥」下，冥，幽也。目深曰窅，今取深義。誰見誰曉，成前離心。彌綸者，包羅之義。靡所不在者，華嚴云「法性遍在一切處」等。

然則言之者失其真，知之者反其愚，有之者乖其性，無之者傷其軀。

不知非名非相，强言强知，故失真而反愚。不知非有非無，强謂有無，故乖性而傷軀。傷軀者，身本性起，今既爲無，故自傷身。東安莊公云：「有質不成，搜源則冥；無質不成，緣起萬形。」

所以釋迦掩室於摩竭，淨名杜口於毗耶，須菩提唱無説以顯道，釋梵絶聽而雨華。

通引三事，前二明無説，後一兼明無聽，反證前言之者失其真。摩竭，國名。法華説「如來成佛三七日中而不説法」，智論第七云「佛得道五十七日不説」等，義言掩室也。淨名經事可知。釋梵等者，大品般若自天主品以來，須菩提依幻化喻，廣説甚深般若無説無聽之理，至散華品「釋提桓〔二〕因及三千大千世界中四天王等化作天華，散佛及大衆上」等。意云：須菩提以説聽空，故説而無説，以顯實相；諸天解空，聽而無聽，爲

〔二〕「桓」，底本作「恒」，據大正藏本改。

供深法，故散華也。

斯皆理爲神御〔二〕，故口以之而默，豈曰無辨？辨所不能言也。

斯皆者，通指上三。唯證相應，所以口皆默也，非謂釋迦、淨名無樂説之辯，但有辯而不能説也。

經曰：「真解脱者，離於言數，寂滅永安，無始無終，不晦不明，不寒不暑，湛若虛空，無名無説。」論曰：「涅槃非有，亦復非無，言語道斷，心行處滅。」

義引涅槃、淨名等經。涅槃第五廣説真解脱相，二十一中亦説涅槃非諸相故。淨名阿閦佛品説觀實相，文亦多同，細引恐繁。大義：涅槃之體即是諸法實相第一義空，絶於名數，離諸對待，性本自離，非方便也。論即中論。

尋夫經論之作立，豈虛搆造哉？果有其所以不有，故不可得而有；有其所以不無，故不可得而無耳。

詮理爲教，苟無其理，豈虛造其文矣？

何者徵？本尋之有境，則五陰永滅；推之無鄉，則幽靈不竭盡。幽靈不竭，則抱一湛然；五

〔二〕「御」，底本作「遇」，據肇論校釋（中華書局）本改。

陰永滅，則萬累都捐棄。萬累都捐，故與道通同〔二〕；抱一湛然，故神而無功。神而無功，故至功常存；與道通同〔三〕，故冲深而不改。冲而不改，故不可爲有；至功常存，故不可爲無。

初二對有無雙非。二種苦陰已亡，故云永滅。無亦非鄉，但有無疆域兩異，義言鄉也。般若妙存，故云不竭。與理冥一，故云抱一。惑業苦事如塵如沙，故萬累都捐者，真解脱故。亦可五陰永滅，樂也；幽靈不竭，我也；抱一湛然，常也；萬累都捐，淨也。與道通同者，三事四德無異體故。「抱一」下明體，「神而」下顯用。無功者，即神而常湛故。常存者，雖曰無功，神應無息故，故涅槃經云：「能建大義。」後四句約體以明非有，就用以明非無。體用一源故，非有非無。若各説者，五陰滅故萬累捐，萬累捐故與道同，與道同故冲而不改，冲而不改故不可爲有。相躡釋成前本之有境等。已上約體，用可例説。

然則有無絶於内，稱謂淪於外，視聽之所不暨及，四空之所昏昧。恬焉而夷平，怕然而泰通，九流於是乎交歸，衆聖於是乎冥會。

此亦躡前而起。初句絶二種相，次句離二種名。「視聽」下，由非名相，故視聽不及。四空者，即四無色。昏昧者，謂涅槃非四空之定，若以此求之，則何能明了，故云昏昧。「恬焉」下，復成前義：何故爾邪？以其

〔二〕「同」，肇論校釋（中華書局）本作「洞」。
〔三〕同上。

恬焉而夷等。九流有二：一云九地，一云治世九流，即道、儒、墨、名等。衆聖，三乘也。意云：涅槃之道是九流所歸，衆聖所會，王成不二，殊途而同歸。

斯乃希夷之境，太玄之鄉，而欲以有無題榜，標指其方域，而語其神妙道者，不亦邈遠哉！

涅槃之道非聲非色，豈可以有餘爲有，無餘爲無？依名榜示，標指處所，謂王宮託質爲有，雙林息跡爲無，而説其妙道，豈不遠乎！以成前文應物之假名爾。

覈體第二

九折之一也。覈，考覈也。因前説涅槃之體非有非無，故今折之：體竟何在？此假二乘有無之問，以破其執。

有名曰：夫名號不虛生，稱謂不自起，

稱謂，言説也。約義生名，因名起説。

經稱有餘涅槃、無餘涅槃者，蓋是返本之真名，神道之妙稱者也。請試陳布張之：

返本無餘之名，神道有餘之號。謂隱現難測曰神，往來所遊曰道。

有餘者，謂如來大覺始興，法身初建，澡八解之清流，憩七覺之茂林，積萬善於曠劫，蕩無始之遺塵，三乘之人斷煩惱障，寂無喧擾，謂之涅槃。有餘緣等未滅，故名有餘。論意謂：正覺成佛、積德斷障、自利利他等，皆有餘樂也。如來者，乘如實道來成正覺，揀於分小之覺，故云大覺。戒等五分，名爲法身，依報而住，故此先後。八解者，因修八觀，隨得解脱，即内有色等。此能淨惑，喻澡清流。七覺者，謂念、擇等覺分。佛已修圓，如休息於茂林。上明果滿，下明因圓。「積萬」下，大小皆説三僧祇數六度萬行，然義復殊，不繁具示。「蕩無」下，明斷惑。樹下合斷，謂三十四心等。坌污淨智喻于塵也。

三明鏡於内，神光照於外，結僧那於始心，終大悲以赴難。

三明即知三世生死之智，在心明内，鑑他爲外。僧那，梵音，此云弘誓。難者，謂生死界。以如來初心結誓盡度生界，故成佛已酬願利生。

仰攀玄根，俯提弱喪。超邁（出）**三域，獨蹈**（踐）**大方。啓八正之平路，坦**（平）**衆庶之夷途。騁六通之神驥，乘五衍之安車。**

此顯利生之儀。仰，向上也。俯，就下也。玄根喻理。弱喪者，弱而失國，喻背覺合塵。此意如人救溺，上攀於樹，下拯溺者，則身不陷。如來亦爾，本智照真，後智救物，生死不縛。次二句明超。三域即三界，界外名爲大方，亦二空之理也。佛獨踐之，以小教説唯悉達一人具遍覺性故。八正者，謂正見、正思等。衆庶者，庶謂庶孽，即異見外道。謂大開八正以坦諸邪，邪徑不平，由坦而夷故。騁謂馳騁。駿馬曰驥，神通化物，應機敏速，故喻神驥。梵云衍那，此云乘，即五乘之法，謂戒、善、諦、緣、六度等。安車者，雲庵云：「三乘出三界，人天出三途，故云安也。」化儀大況，啓正摧邪，運通説法。

至於出生入死，與物推移。道無不洽（霑），德（恩）無不施。窮化母之始物，極玄樞之妙用。

初二句明隨機，宜生則出，宜滅則入，但益物是懷，推移何定？意兼隨類之化。次二句明化博，謂八正等布，三界俱霑，五衍齊運，群機皆濟。「化母」下，道書以氣爲化母，雲庵云：「因緣能生諸法，如化母也。」玄樞喻智，門樞運轉，喻後智應動。然此上句舉化境，下句明化智。謂窮盡因緣生物之理，極其智用，説因緣生滅之教，知可度者度之，不可度者存之，又知宜大宜小等，由斯而知，所以極智妙神用而化矣。

廓（靜）虚宇於無疆，耀薩雲以幽燭。將絶朕於九止，永淪太虚，

初句所證，次句能證。梵語薩雲若，此云一切智，謂騰耀智光，深照前理。朕，微兆也。九止，九地也。太虚，無餘也。欲結有餘之名，先舉證理入寂。詳此折意，謂如來本欲淪虚，但餘緣不盡，居有餘。

而有餘緣不盡，餘跡不泯，業報猶魂，聖智尚存，此有餘涅槃也。

通有四事：一餘緣即度餘之機，二餘跡即所依之身，三餘業即感報之業猶有魂氣，四聖智未滅，皆有餘也。

經曰：「陶冶塵滓，如鍊真金，萬累都盡，而靈覺獨存。」

初二句喻説。塵如萬累，金如靈覺，鑛穢去而真金現，萬累盡而靈覺存。陶謂陶汰，治謂鎔冶。

無餘者，謂至人教緣都訖，靈照永滅，廓爾無朕，故曰無餘。

緣跡既了，業智兼亡，皆無所餘。

何則徵？夫大患莫若於有身，故滅身以歸無；勞勤莫先於有智，故絶智以淪虚。

文有二對，皆初句舉患，後句欣寂。初身後智，如文可了。老氏云：「吾有大患，爲吾有身。」

然則智以因形倦，形以智勞，輪轉修長途，疲而弗已。

欲養其形，智慮籌畫，是智因形而疲倦。智既籌慮，反使其身晝夜勞作，是形因智而勞。因此相役於生死長途，如輪運轉，雖疲弗止。

經云：「智爲雜毒，形如桎梏[一]，淵默以之而遼遠，患難以之而起。」

智慮不一，故云雜毒，如世毒藥，能損命故。桎梏，刑器，械足曰桎，械手曰梏。桎梏禁人，人實厭之；形能患人，厭亦應爾。「淵默」下，示過。淵默謂無餘。身智兼存，而有二過：一遠於無餘，二生於勞患。

所以至人灰身滅智，捐形絶慮。內無機照之勤，外息大患之本。超然與群有永分，混爾與

[一]「梏」，底本作「桔」，據大正藏本改。

太虛同體。寂焉無聞，怕焉無兆。冥冥長往，莫知所之往。

至人謂如來。體質名身，容儀爲形，灰身乃捐其形患。智即心體，慮即心用，滅智乃絶其思慮。次二句釋成無患。「超群」下，六句明益：一超群有離生滅相，二同太虛顯無爲益，三非聲非色，四究竟不退。

其猶燈盡火滅，膏明俱竭，此無餘涅槃也。

燈火喻身智，膏明喻形慮。

經云：「五陰永盡，譬如燈滅。」

五陰，身心通體。

然則有餘可以有稱，無餘可以無名。無名立，則宗虛者欣尚於冲默；有稱生，則懷德者彌仰於聖功。斯乃典誥之所垂文，先聖之所軌轍，

初二句謂有斯二理，可立二名。次二句正彰所益。宗虛謂二乘小機，性本好滅，依名求實而入無餘。懷德謂六度大人，性好立德，依名求實而仰有餘。後之二句，一聖教定量故，二先聖軌轍故。

而曰「有無絶於内，稱謂淪於外，視聽之所不暨，四空之所昏昧」，使夫懷德者自絶，宗虛者靡託，

初四句引前違文，後二句顯失二機。

無異杜耳目於胎𣫘卵，掩玄天[一]象於霄外，而責夫宮商之異，辨緇[二]素之殊者也。

玄象，天上星彩。霄謂霄漢。宮、商，五音之二。合舉二喻，以喻外亡名相，內絕有無。二喻影略，具云：掩玄象於霄外，閟琴瑟於堂中，却責盲瞶之徒，令辨玄象黑白之殊、琴聲宮商之異，何由能之？法中意云：內存有無，外存稱謂，猶恐不入，今內外雙絕，何以寄懷而悟入？

子徒知遠推至人於有無之表，高韻絕唱於形名之外，而論旨竟莫知所歸。幽途故自蘊而未顯，靜思幽尋，寄懷無所。

初二句舉得，「而論」下顯失。至人者，即涅槃也。出現疏云：「雖明現身，即涅槃用大。」「有無」下，謂雙絕名相。幽途者，幽深途徑。謂無名相而引物，物不能造，是自蘊藏。「靜思」下，即有名者尋思，無所措懷。

豈所謂朗大明於冥室，奏玄響於無聞者哉？

大明，日也。謂若名相雙絕，不應根宜，不可謂之明杲日於暗室，令見其相；奏妙音於未聞，使聽其玄。皆約名相以難。

[一]「天」，大正藏本作「夫」。
[二]「緇」，肇論校釋（中華書局）本作「玄」。

位體第三

十演之二也。位，猶安也，亦立也。因有名覈體，寄懷無所，故今位之。

無名曰：有餘無餘者，蓋是涅槃之外稱，應物之假名耳。

外稱，亦强名也。

而存稱謂者封名，志器象者耽形。

由言封名，志器躭象，所以雙亡。楞伽云：「名相常相隨，而生於妄想。」

名也，極於題目；形也，盡於方圓。方圓有所不象[一]，題目有所不傳，焉可以名於無名，而形於無形者哉？

初二句彰名相所盡，世間物象非方則圓。次二句正明妙體。非象故，方圓何能象？非名故，題目何所傳？大鈔象是寫字。後二句正顯不可。名但名於可名，象但象於可象，無名無象之體，焉可强名强象哉！題云涅槃無名。

難序云有餘無餘者，信是權寂致立教之本意，亦是如來隱顯之誠跡也。

〔一〕「象」，肇論校釋（中華書局）本作「寫」。

初句牒前名家叙有餘無餘之文。「信是」下，縱是權宜，縱有二意：一權寂是無餘，隨宜方便，故云權也；立教是有餘，皆如來化生之本意。二隱顯之實跡，隱爲無餘，顯爲有餘。

但未是玄寂絶言之幽致，又非至人環中之妙術道耳。

奪也。前是權寂立教之意，未是玄寂絶言之致。無相故玄，無名故寂。前是隱顯之跡，亦非環中之妙。環中之妙，豈容隱顯？

子獨〔二〕不聞正觀之説歟？維摩詰言：「我觀如來無始無終，六入已過，三界已出。不在方，不離方。非有爲，非無爲。不可以識識，不可以智知。無言無説，心行處滅。以此觀者，乃名正觀；以他觀者，非見佛也。」放光云：「佛如虚空，無去無來，應緣而現，無有方所。」

初句告問者：經説正觀，子獨未聞邪？「維摩」下，亦約義引之。「無始」下，三句顯超。生相已盡，故云無始；滅相又亡，故云無終。又三際已斷故。六入，六根也，根境相入，故名六入。已過者，無漏淨色不入塵故。「三界」下，界繫已亡故。「不在」下四句，遮表同時。不可下四句，顯體深玄。「以此」下，結揀邪正。皆古譯之經，與今經少殊。放光下，即義引彼經第三十卷法上菩薩答薩陀波崙所問之意。大疏云：「若有方所，

〔二〕「獨」，大正藏本作「徒」。

此現彼無。無方所故，感處即形。」此前皆示自性涅槃，下示無住，亦應化涅槃也。

然則聖人之在天下也，寂寞虛無，無執無競，導而弗先，感而後應。

承前經意以辨。前云佛如虛空，隨緣而現，故云在天下。謂應無不周，與體同遍。「寂寞」下顯非，聲色身非執受故，二執永無故。競〔一〕，諍也，無諍是涅槃故。「導而」下，因感而導，疾前無藥故。

譬猶幽谷之響，明鏡之像，對之弗知其所以來，隨之罔識其所以往。怳焉而有，惚焉而亡，動而逾寂，隱而彌彰，出幽入冥，變化無常。

顯無住也。初四句喻說，後六句法喻皆通。谷、鏡皆喻無名之體，對鏡之質，呼谷之人皆喻能感之機，若響若像皆喻於應。於中像喻應身，響喻說法。感之而來，謂之有餘。來實非來，雖對之而不知所從，不住有餘也。感謝而往，謂之無餘。往實非往，欲隨之而不知所向，不住無餘也。喻意可知。動即有也，隱即無也。機見去來，聖無所住，故云動而等。「出幽」下，釋成出無入有，棄有入無，變化權宜，理非常準。無名之道，譬月印空，虧盈不遷，出入常湛。

其爲稱也二名，因應而作，顯跡爲生，息跡爲滅。生名有餘，滅名無餘。

〔一〕「競」，大正藏本作「竟」。

生滅因乎顯息，有無復由生滅。隨跡而起，非假名何？

然則有無之稱，本乎無名。無名之道，于何不名？

有無，跡也，末也。無名，實也，本也。跡從實現，末自本名。

是以至人居方而方，止圓而圓，在天而天，處人而人。

承前于何不名，以示用也。逐器應形，無不能也。方、圓喻殊機，應天爲天，應人名人，同類攝生，無擇鹿馬、居士、宰官等，如本經廣示。

原窮夫能天能人者，豈天人之所能哉？果以非天非人，故能天能人耳。

是天是人之定報，豈能應天應人而現形？正由非天非人，所以能應天人。有體方用。

其爲治化也，應而不爲，因而不施。因而不施，故施莫之廣；應而不爲，故爲莫之大。

現身名應，感而後應，聖不爲也。現通説法名施，因機而作，聖不施也。施，作也，平聲。起信論示用大，云「第一義諦無有世諦，離於施作，但隨衆生見聞得益」等。莫之者，含具二意：一最大最廣故。如衆生界一時皆感，亦一時普應，此應之大，更無大於此者。施，例之。二忘廣大之相，亦云莫之，如下云。

爲莫之大，故乃返於小成；施莫之廣，故乃歸乎無名。

莫之者，亦忘乎至大至廣之相也。由忘乎大，故曰小成。但寄小以遣大，豈住小成？由忘乎廣，故歸無名。總前意云：謂依體起用，即用恒體，非體時不用，用時不體。體用無住，無不住也。

經曰：「菩提之道，不可圖度，高而無上，廣不可極；淵而無下，深不可測。大包天地，細入無間，故謂之道。」

經即太子本起瑞應經也。菩提，秘藏中般若故。圖度，思慮也。何故不可邪？以高而無上等，謂高深有際可思，上下無窮故，不可也。天地至大，智又包含；無間至小，智復入中。無間，如子微極細無中間也。以證涅槃體大用廣。

然則涅槃之道，不可以有無得之，明矣。而惑者覩神變，因謂之有；見滅度，便謂之無。有無之境，妄想之域，豈足以標榜玄道而語聖心者乎？

執跡迷本，亦猶逐派而亡源。且略標涅槃，令其知有。而於正位，猶爲剩名。計跡爲實，空華結果。

意謂至人寂怕無兆，隱顯同源，存不爲有，亡不爲無。

至人，法身德也。正位之中有無幾微，亦不形兆，故云寂怕。餘可了。

何則？佛言：「吾無生不生，雖生不生；無形不形，雖形不形。」以知存不爲有。

初句放光，即彼二十六中文。「無形」下，亦義引放光、涅槃等經。「以知」下，論斷。生謂四生。無生不生者，猶云無一生而不生。形謂六道萬類之形，猶云無一形而不形。何者？如忍辱太子等胎生也，鴈王、鸚鵡卵生也，頂生、手生濕生也，爲天、爲鬼化生也。四生攝於萬類，如涅槃三十二云：「菩薩摩訶薩受羆身乃至鹿、兔、龍、蛇等身。」然但由感起，即應而真故，復云不生不形，即不爲有也。

經云：「菩薩入無盡三昧，盡見過去滅度諸佛。」又云：「入於涅槃而不般涅槃。」以知亡不爲無。

初引晉華嚴，即安住長者成就法門名不滅度，所得三昧名無盡佛性，唐譯名佛種無盡。梵云三昧，此云正思，亦云正受。無盡者，以佛性無盡，故入此三昧，見三世佛亦無盡。又此宗中三世互現故，現在中見過、未佛也。廣示如經。後引義同，即本經二十一中之義。是知栴檀塔下勝觀元存，靈鷲山中釋迦常在，莫隨妄想，見有去來。

亡不爲無，故雖無而有；存不爲有，故雖有而無。雖有而無，所謂非有；雖無而有，所謂非無。

躡前以顯二非之中，無住涅槃，跡不可執。

然則涅槃之道，果出有無之域，絶言象之逕，斷矣！

四法皆非，真應莫羈，有無不住，言象何及！教明如鏡，理直似絃，喻合符契，義皎白晝，斷然超絶，無襲前惑。

子乃云：聖人患於有身，故滅身以歸無；勞勤莫先於有智，故絶智以淪虚。無乃乖乎神極，傷於玄旨者也。

此非答前正問，以前名家叙入無餘，所以云：身爲大患，智爲雜毒。此見淺近，過患良深，故答問已，兼破此計初叙計〔二〕。「無乃」下，責非。神極者，神妙至理。玄旨者，幽玄經旨。

經曰：「法身無相，應物以形；般若無知，對緣而照。」

晋經三十二略云，清淨法身非有非無，隨衆生所應，悉能示現。下對即諸部般若之意：無身而形，非心而照。引此意明身心尚無，勞患何起？

萬機頓赴，而不撓其神；千難殊對，而不干其慮。動若行雲，止猶谷神。豈有心於彼此，情繫於動静者乎？

般若無知也。初四句法説。萬機，大數也。不撓有二：一由機感故，如水澄月現。二由無思故，如摩尼出生。千難例同。次二句喻明：有餘名動，如行雲；無餘名静，猶谷神也。谷神出道經，彼云：「谷神不死。」後二句正明無心。

既無心於動静，亦無相於去來。

法身無相也。初句躡前，後句例身，以釋前文法身無相。去爲無餘，來爲有餘。

〔二〕「計初叙計」，大正藏本爲夾註。

去來不以相，故無器而不形；動靜不以心，故無感而不應。

躡前雙明身心，以成前文應物而形、對緣而照。

然則心生於有心，相出於有相。

機有身心之感，而聖有身心之應。

象非我出，故金石流而不焦；心非我生，故日用而不動〔一〕。紜紜多自彼，於我何爲？

象非聖出，心非聖生。既由機感而現，此身此心何患何勞！故出現疏云：「象非我有，自彼器之虧盈；心非我生，豈普現之前後。」「金石」下，即莊子逍遥篇云「大旱金石流，土山焦而不熱」等。

所以智周萬物而不勞，形充八極而無患。益不可盈，損不可虧。

八極，八方之極際也。無心之心遍知一切而何勞？非身之身分應八方而弗患。至于遺侍問候，只叙禮儀，答以輕安，俯隨世範，豈曰小疾須乳，爲雷居士呵哉？後二句以身心無爲，故非所損益。初句擬繫辭。

寧復痾癘中逵，壽極雙樹，靈竭天棺，體盡焚燎者哉？

長阿含等説，如來向拘尸羅城，中路背痛，令弟子四疊僧伽黎樹下休息等。天棺即金棺也，依古聖輪王葬

〔一〕底本「動」後有「□」，據大正藏本改。

儀而作，故言天棺。意云：身心非有，自感而興，非益能盈，非損可虧。豈同小乘之見半路背痛，雙林壽終，靈智滅於天棺，聖體灰於焚燎也？

而惑者居見聞之境，尋殊應之跡，秉執規矩以擬大方，欲以智勞至人，形患大聖，謂捨有入無，因以名之。豈可謂采微言於聽表，拔玄根於虛壤者哉？

初二句法說，次二句喻明。方曰規，圓曰矩，今之梓匠所用斗尺也。意云：任見聞之情，執殊應之跡，欲求無名之妙，如人手執斗尺擬量大方，不知其可也。故本經名爲二乘曲見。「欲以」下正明謬執，「豈可」下責其淺近。言即名言，謂有無之名，應權施設，無實體性，非名之名，故云微言。會意忘名，故云聽表。玄根喻涅槃，出生世、出世善故。事相本空，故云虛壤。意謂有無二種，名相兩虛，無相無名，涅槃顯現，義說采、拔。

徵出第四

九折之二也。徵，責也。前章云：涅槃之道果出有無之境。徵意云：有無二法攝盡一切，如何有無之外別有涅槃之體？今詳徵辭，包舉儒、老有無之說，復引小乘有無二爲，例以徵之。下「超境」中皆超此有無。

有名曰：夫混元剖判，萬有參雜分。有既有矣，不得不無；無不自無，必因於有。所以高下相傾，有無相生。此乃自然之數，數極於是。

混謂混沌，元謂根元。剖判，分裂也。萬有即萬物。世典多説，元氣鴻濛而爲混沌，形如雞子，爾後清氣上升，穹窿爲天；濁氣下沉，磅礴爲地。即混元剖判，亦一生二也。盤古生中，萬八千歲云云，是二生三。盤古死後形分物兆，萬物叢生，是三生萬物。今意：混元已前屬無，一氣始萌即入有境，是無而生有也。次二對明有無相成。「所以」下，引老氏以結，皆明相因而起。「此乃」下，顯是定數，非由使令，故曰自然。

以此而觀，化母所育生，理無幽顯，恢恑憰怪，無非有也。有化而無，無非無也。然則有無之境，理無不統。

化母，道也，亦氣也。「理無」下，據理而推。不論幽顯兩途之中，物有恢而大者，恑而奇者，憰而詐者，怪而妖者，妍醜多端，巨細萬狀，無非是有。既因無而有，必自有而無，千狀萬態皆入無也。「然則」下，正明遍統。恢恑一句用莊子文。已上儒、老皆有此論，何晏、王弼諸儒各有申説，謂之清談，事在通鑑諸書，故今論主假問而遣。

經云：「有無二法，攝一切法。」又稱三無爲者，虚空、數緣盡、非數緣盡。〔二〕

數名慧數，緣即是慧。盡爲滅諦，謂無漏慧斷諸煩惱，證滅諦理，唐譯名擇滅無爲。非數緣盡者，即諸法緣離自滅。於此三中，取第二爲小乘涅槃，第三同前儒、老，自有入無。以明有無攝世出世，以無餘即出世法故。

〔二〕肇論校釋（中華書局）本此後有「數緣盡者，即涅槃也」。

而論曰：「有無之表，别有妙道，妙於有無，謂之涅槃。」請覈妙道之本體。果若有也，雖妙非無。雖妙非無，即入有境。果若無也，無即無差。無而無差，即入無境。總而括檢束之，即而究之，無有異有而非無，無有異無而非有者，明矣。

初四句引前違文，請覈下正難[一]。意云：妙道之體畢竟有之，體雖玄妙，不可謂無，便入有境。下無例同。「總而」下，正顯所收。意謂妙本非有非無者，非有即是無，非無即是有，未曾見一法異有之外而爲非無者。下句例説。

而曰：有無之外，别有妙道，非有非無，謂之涅槃。吾聞其語矣，未即於心也。

耳雖聞其説，心未悟其理。吾聞其語矣，論語文。

超境第五

十演之三也。超，越也。境，即有無六塵之境。徵中欲以有無統收涅槃，演中指二法俗諦之境，涅槃真諦卓然超越，以破外宗有無之見。

〔一〕「下正難」，大正藏本作「正難下」。

無名曰：有無之數，誠以無法不該，理無不統縱。然其所統，俗諦而已奪。

有無雖寬收一切，但不收真諦。

經曰：「真諦何邪？涅槃道是；俗諦何邪？有無法是。」

義引大品道樹品，云：「菩薩以世諦故，示衆生若有若無，非以第一義諦。」問以屬體，二諦迢然。仁王經亦以有無爲俗諦。

何則？有者，有於無；無者，無於有。有無所以稱有，無有所以稱無。然則有生於無，無生於有，離有無無，離無無有。有無相生，其猶高下相傾，有高必有下，有下必有高矣。

初二句明二法相因，由有於無，所以是有，下句例之。次二句承前以生二名。「然則」下，順明相待兩成。「離有」下，反顯不待皆非。「有無相生」下引類。非直有無相待，至於高下、是非、前後等皆然也。

然則有無雖殊，俱未免于有也。此乃言象之所以形興，是非之所以生起，豈足以統夫幽極，而擬夫神道者乎？

初一句中，對有之時，無乃是無，若二法相待，因有生無，皆是緣有也。「此乃」下，隨有無而興言象，依言象而起是非，豈足明於幽深神妙之道乎！

是以論稱出有無者，良以有無之數，止乎六境之内。六境之内，非涅槃之宅，故借出以祛遣之。

初句牒前位體中結文。六境者，古譯六塵爲六境，皆緣生之事，形兆入有，緣散入無，豈涅槃之居宅？故假借出之言，以顯高邁。

庶希道之流，彷彿幽途，託情絶域，得意亡言，體其非有非無，豈曰有無之外，別有一有而可稱哉？

彷佛者，相似比擬也，猶言倣法玄道而悟。如何法邪？一相絶，二言亡，不可守有無之言而隔玄悟。「體其」下，但可體究其非有非無，不生知覺，自與玄會，若計有無之外別有涅槃，復入有境，豈能超之？

經曰三無爲者，蓋是群生紛繞，生乎篤厚患。篤患之尤甚，莫先於有；絶有之稱，莫先於無。故借無以明其非有。明其非有，非謂無也。

經即羅什所譯仁王也。紛繞，煩惱也，亦業也。篤患，生死也。有謂三有，有爲有漏故。「絶有」下，謂欲引出有爲，則無爲第一。此意佛説無爲，令群生息有爲之患爾。「借無」下，但假借無爲之名，以引著有之物，令悟非有，故放光云，若無有爲，亦無無爲等，非謂非有是斷無之無。恐儒、老之流計有無遍攝一切，謂涅槃亦無之所攝，曲引佛經有爲無爲，以爲類例。涅槃既是無爲，亦合無攝故。合無攝故，設此難以揀之：一揀涅槃非有無攝；二揀無爲之無，非二家所計有無之無。

搜尋玄第六

九折之三也，亦承前起，至下可知。

有名曰：論旨云，涅槃既不出有無，又不在有無。

初句叙前豈曰有無之外等，次句叙前良以有無等。

不在有無，則不可於有無得之矣一也；不出有無，則不可以離有無求之矣二也。求之無所，便應都無三也，

二所不得，當求無所。究竟無體，徒説何爲！

然復不無其道。其道不無，則幽途可尋，所以千聖同轍，未嘗虚返皈者也。

初明玄體非斷，所以千聖同歸，必有實理。

其道既存，而曰不出不在，必有異旨，可得聞乎？

若斷，可許不在不出。既存，何云雙離？

妙存第七

十演之四也。不出不在曰妙，體非斷絶曰存。亦示無住之深。

無名曰：夫言由名起，名以相生，相因可相。無相無名，無名無說，無說無聞。

初三句舉妄，後三句顯真。可相者，相由心起，心於相上印可分別，故言可相，猶言相由心現。

經曰：「涅槃非法，非非法，無聞無說，非心所知。」

本經二十一云略謂「涅槃非相非不相，非物非不物」等。無聞無說等亦淨名文。理事、善惡等皆名爲法，今順論意，且以有無爲法。非法不在也，非非法不出也，不出不在，無說也。無說則無聞，無聞則無知也。

吾何敢言，而子欲聞之邪？

此由名家執出在之名而折非出非在之妙，願樂欲聞，故於答前先舉妙體之玄，以拂聞相，令忘名會旨。

雖然，善吉有言：「衆生〔一〕若能以無心而受，無聽而聽者，吾當以無言言之。庶述其言，亦可以言也。」

義引大品須菩提告釋提桓因諸天子之意，非正文也，事如前引。予以論勘經，論主引用實有多式：或引正文，或取義引之，或出經名，或汎舉之，或但引經中人名，或合集上下字文，或合集兩經引之，或略或詳。細推自見。

〔一〕「生」，肇論校釋（中華書局）本作「人」。

淨名曰：「不離煩惱，而得涅槃。」天女曰：「不出魔界，而入佛界。」

彼經弟子品云：「不斷煩惱，而入涅槃。」「天女」下，即寶女所問經第四，寶女偈答舍利弗云：「如魔之境界，佛境界則平等，相應爲一類，以是印見印。」

然則玄道在乎妙悟，妙悟在於即真。即真則有無齊觀，齊觀則彼己莫二。

初句於道貴悟。如何悟邪？即妄而真故，如前云不離煩惱得涅槃等。次句既不離緣而即真，觀色之時莫非見空，觀空之時莫非見色，故云齊觀。彼己目心境，心境一如，故云莫二。

所以天地與我同根，萬物與我一體。

天地、萬物，皆境也。我即心也。既云同根一體，則本無二。文似莊子。

同我則非復有無，異我則乖於會通，

同我者，心境無異，亦理事冥同。非復有無者，有無之事泯絕也。「異我」下，心境理事兩殊，不能會證冥同也。詳此二句，唯同唯異皆非，亦同亦異方離諸過，出在兩成。何者？由異故事理相違，所以不在。今若唯同，非復有無，則不在之旨不成。由同故事理相即，所以不出。今若唯異，乖於會通，不出之旨不成。以涅槃是理，有無屬事，故相躡各有二過，可知。

所以不出不在，而道存乎其間矣。

何則？夫至人虛心冥照，理無不統。懷六合於胸中，而靈鑑有餘；鏡萬有於方寸，而其神常虛。

初二句汎明二〔一〕智皆虛冥也，次二句示正智照理。四方上下名爲六合。後二句示後智達事。「鏡萬」下，謂萬有於方寸而無慮焉，故云常虛。此辯智玄，下明證妙。

至竟能拔玄根於未始，即群動以靜心，恬淡淵默，妙契自然。

「至能」下，承前以明。玄根喻真，拔喻於證。未始二意：一未猶無也。理無始故，智始會時，非照今有。二智雖極真，未始照故，如前云虛心等。群動，俗也，權應之時初無應相，故云靜心。後二句如次成上二智無相。自然者，感而後應，不加功力。起信云：「自然而有不思議業，能現十方，利益衆生。」

所以處有不有，居無不無。居無不無，故不無於無；處有不有，故不有於有。故能不出有無，而不在有無者也。

「所以」下，略至人二字。初二句承前釋成。處有居無，明不出也；不有不無，明不在也。次四句躡前，雙示不住。「故能」下，結成。

〔一〕「二」，大正藏本作「一」。

然則法無有無之相，聖無有無之知。聖無有無之知，則無心於內；法無有無之相，則無數^相^於外。於外無數，於內無心，此彼寂滅，物^境^我^心^冥一。怕爾無朕，乃曰涅槃。涅槃若此，圖度絶矣，

初二句顯心境無相，次四句明心境兩亡，次四句心境冥一，怕爾下結離心思。圖度，思慮也。

豈容責之於有無之內，又可徵之於有無之外邪？

難差第八

九折之四也。此亦承前心境不二之妙，以難三乘等修證之差。

有名曰：涅槃既絶圖度之域，則超六境之外。不出不在，而玄道獨存。斯則窮理盡性，究竟之道，妙一無差，理其然矣。

通叙前理。窮理盡性，語出周易，彼云：「窮理盡性，以至於命。」理其然者，許可其理。

而放光云：「三乘之道，皆因無爲而有差別。」

即二十四中之文，亦少不同，義則無異。金剛亦云，一切賢聖法皆因等云云。

佛言：「我昔爲菩薩，名曰儒童，於然燈佛所，已入涅槃。」儒童菩薩時於七住獲無生忍，

進修三位。

緣起如本行說。詳意，儒童時居七住，依無生忍見無生理，名入涅槃。折意以既得涅槃，謂究竟無修，如何復修後三住乎？古譯十地，亦名十住。

若涅槃一也，則不應有三。如其有三，則非究竟。究竟之道，而有升降之殊；衆經異說，何以取中邪？

初四句難三乘有差，以三一互違，故非究竟，則無常也。次二句躡前，以難三位之殊。升降，高下也。中謂折中，亦正也。

辨差第九

十演之五也。辨謂分辨。

無名曰：然究竟之道，理無差也。

理無二實，所以究竟。

法華經云：「第一大道，無有兩正。吾以方便，爲怠慢者於一乘道分別說三。」三車出火宅，即其事也。

亦義引法華前後之文。正法華善權品云「是一乘道，寂然之地，無有二上」等，妙法化城品云：「佛爲求道者中路懈廢，爲止息故，以方便力，於一乘道分別說三。」懈廢，亦怠慢也。火宅可知。

以俱出生死故，同稱無爲。所乘不一，故有三名。統其會歸，一而已矣。

三乘云殊，免患是同。「所乘」下，通理、教、行、果，今略就教、行釋之。教者，謂依一乘分別說三，即諦、緣、度。行者，三乘三行，大小不一。「統其」下，意謂能乘之人隨所乘之法不一而有三名，所歸之理唯一無二。

而難云：三乘之道，皆因無爲而有差別。此以人三，三於無爲，非無爲有三也。

初四句叙難，此以下出理。三差在機，不在於理。

故放光云：「涅槃有差別邪？答曰：無差別。但如來結習都盡，聲聞結習未盡耳。」

即彼經二十四中之文。「但如來」下，彼云「但如來諸習結盡爾，聲聞習結不悉盡」等，即二障種子習氣。此約三乘斷惑淺深，以分三異，非涅槃有三也。

請以近喻，以況遠旨。如人斬木，去尺無尺，去寸無寸，修短在於尺寸，不在於無也。

已見邊爲近，未見邊爲遠。人喻三乘，斬喻智斷；木喻種現，無喻無爲；尺寸喻三乘斷惑多少也。以喻量法，昭然可見。

夫[一]群生萬端，識根不一，智鑑有淺深，德行有厚薄，

初句總指。次句，識謂識心，即樂欲不同，謂樂大樂小。根謂根性，即種性不一，即大機小機。次句，大乘雙照二空名深，小乘獨見人空名淺。「德行」下，自利之行名薄，二行雙行名厚。亦可諦、緣之行名薄，六度萬行名厚。

所以俱之往彼岸而升降不同。彼岸豈異？異自我耳。

由識根差別故，所以俱往彼岸而高下不齊。喻以生死爲此岸，煩惱爲中流，涅槃爲彼岸。彼岸唯一，爲力不同，故成異也。

然則衆經殊辨，其致不乖[二]。

由前云衆經異説，何以取中，今引法華，明三乘一起，三雖差別，至道唯一。三位例然。

責異第十

九折之五也。所證之理既一，如何能證之人三殊邪？此亦躡前而問。下文自具。

[一] 肇論校釋（中華書局）本多「以」。
[二] 大正藏本，有夾注「差」。

有名曰：俱出火宅，則無患一也；同出生死，則無爲一也。而云「彼岸無異，異自我耳」。彼岸則無爲岸也，我則體證無爲者也。

初喻次法，免患既同，無爲定一。「而云」下，舉前違文。「彼岸」下，約法約人。先定其理，而後難云。

請問我與無爲，爲一爲異？若我即無爲，無爲亦即我，不得言「無爲無異，異自我也」。若我異無爲，我則非無爲，無爲自無爲，我自常有爲。冥會之致，又滯而不通。

初二句雙審。「若我」下，出第一過，明人法相即。既人法相即，人三法三，何云法一也？又「若我」下，出第二過，明人法兩異。無爲、有爲兩分，有爲三乘應不[一]冥會於無爲之理，何言三乘冥會邪？

然則我與無爲，一亦無三，異亦無三。三乘之名，何由而生？

以人從法，法一人一也。異則不證，於何有三邪？

會異第十一

十演之六也。會謂會通，下文自顯。

無名曰：夫止此而此，適彼而彼。所以同於得者，得亦得之；同於失者，失亦失之。

[一]「不」，大正藏本爲夾註。

此目此岸，彼目彼岸。猶言居生死之岸，則同生死之患。無爲例之。「所以」下，承前已明，文擬老氏。「同於得」下，釋前適彼而彼，得謂證得，然通能所，能得之人同所得之理時，理亦同於能得之人，如下云我即無爲，無爲即我。同於失下，釋前止此而此，能所不相得也，反前可知。

我適無爲，我即無爲。無爲雖一，何乖不一邪？

人證法時，人法必即也。所以亦三者，理雖一味，證有淺深故。於法略示，下喻及合中具顯。

譬猶三鳥出網，同適無患之域，無患雖同，而鳥鳥各異。不可以鳥鳥各異，謂無患亦異。又不可以無患既一，而一於衆鳥。然則鳥即無患，無患即鳥，無患豈異，異自鳥耳。

初四句舉喻體。三鳥隨舉大中小者，在網爲患，出網之時遠近雖殊，皆爲無患之域，以喻三乘斷惑出界。「不可」下，鳥患相望，反責一異。「然則」下，釋成相即，又不防鳥異。美哉斯喻！何疑不遣。

如是三乘衆生，俱越妄想之樊，同適無爲之境，無爲雖同，而乘乘各異。不可以乘乘各異，謂無爲亦異。又不可以無爲既一，而一於三乘也。然則我即無爲，無爲即我，無爲豈異，異自我耳。

三乘名衆生者，諸蘊未轉，二死猶存，相紀之心猶生，和合之識未破，等覺已降皆有此名。亦前四句明人證法，「不可」下四句以人會理。會許淺深，人可云異，理何異邪？亦不可云由理一故，不許證有淺深之殊，何云一亦無三邪？「然則」下，結成相即，理則元一，證則有三也。句句合前，不煩重指。

所以無患雖同，而升虛有遠近；無爲雖一，而幽妙鑑有淺深。

承前法喻，以答異亦無三也。初二句喻明，後二句法説。前舉三鳥雖異，免患是同，免則相即，不妨人異，以明一亦有三。此舉迯患雖同，遠近有異，以明異亦有三。但異在遠近，不在於法。幽鑑，三乘之智也。

無爲即乘也，乘即無爲也，此非我異無爲，以未盡無爲，故有三耳。

初二句明相即無異。「此非」下，以相即故非異，非異故冥會，誰云其異而乖於冥會邪？以未盡故有三，誰云異亦無三？血脉隱微，可細推繹。

詰漸第十二

九折之六也。詰，難也。由前未盡有三，以是漸義，故今詰之。

有名曰：萬累滋彰，本於妄想。妄想既袪，則萬累都息。二乘得盡智，菩薩得無生智，是時妄想都盡，結縛永除。

枝末麤惑衆多名萬。滋，益也。彰，著也。妄想，即根本無明細惑。意云：枝末雖衆，本惑唯一。但剪本惑，末惑頓息，理可頓證。「盡智」下，大品説「三乘之人共十一智，第九名盡智，謂苦已盡見等；第十名無生智，謂苦已見而不更見」等。則前之十智聲聞皆有，盡智在已辨地得之。今云菩薩得無生智者，二地已上第九菩薩地阿鞞跋致，如實知諸法本自不生，今亦無滅，名無生智，不共二乘也。意謂智起惑亡，理即顯現，如大品、放光及智論二十三廣説。

結縛既除，則心無爲。心既無爲，理無餘翳。

初一句躡前，次句明證，後二句惑盡。理如明鏡，惑如塵翳，妄惑既盡，理即明淨。

經曰：「是諸聖智不相違背，不出不在，其實俱空。」又曰：「無爲大道，平等無二。」

放光第二略云，聲聞、辟支佛、菩薩、佛世尊，是諸聖智不相違背。乃至云不出不在，其實空者，無有差殊。與大品大同。今謂「在」字宜是「生」字，傳之悮也。智論四十三解云：「因邊不起，名爲不出；緣邊不起，名爲不生。」「又曰」下，亦義引大品等，如三慧品「須菩提白佛言：世尊！無爲法中可得差別不？佛言：不也」等。

既曰無二，則不容心異〔二〕。不體證則已，體應窮微。而曰體而未盡，是所未悟也。

初句躡前理智無二，次句會前不相違背。「不體」下，意云：三乘之智無殊，是唯不證，證則頓盡，如何分小大之殊，談漸盡之理？

〔二〕「心異」，肇論校釋（中華書局）本作「異心」。

明漸第十三

十演之七也。謂結習不可頓盡，無爲不可頓見。譬如磨鏡，塵亦漸除，明亦漸現。

無名曰：無爲無二，則已然矣。結使〔一〕重惑，而謂可頓盡，亦所未喻曉也。

初二句許前，「結使」下，正明其漸。此明方便淨也。三乘之人皆以見前伏惑，登見道已始盡分別，思惟位中漸斷俱生，如是已歷乾慧乃至已辦及辟支佛、菩薩等地，方得無漏盡無生智。

經曰：「三箭中的，三獸渡河，中渡無異，而有淺深之殊者，爲力不同故也。」

初二喻皆古譯毗婆沙論之義，故彼論二十二云「猶如一的，若木若鐵衆箭所中，如是一無爲體，爲三想所行」等。五十五云「於甚深十二因緣河能盡其底，是名爲佛，二乘不爾。如三獸渡河，謂兔、馬、象，兔則騰擲乃渡，馬或盡底或不盡底，香象於一切時無不盡底」等。

如是〔二〕三乘衆生，俱濟緣起之津，同鑑四諦之的，絶僞即真，同升無爲。然其〔三〕所乘不一者，亦以智力不同故也。

〔一〕「使」，肇論校釋（中華書局）本作「是」。
〔二〕「如是」，肇論校釋（中華書局）本無。
〔三〕「其」，肇論校釋（中華書局）本作「則」。

緣起謂十二因緣，津謂渡處，渡已名濟，四諦可知。若緣若諦，隨一法門三人同稟，通教意也。所稟法門無殊，隨其機宜，但成自乘菩提，亦婆沙之意。涅槃略云，十二緣生下智觀者得聲聞道等。見諦之理名曰中的，行相皆多，如婆沙説。絶僞者，斷惑也。即真者，證理也。同升無爲者，明所趣非異。「然其」下，明能趣有殊。後句即論語云「射不主皮，爲力不同科」。以法對喻，昭然可知。

夫群有雖衆，然其量有涯，正直使令智猶身子，辨若滿願，窮才極慮，莫闚其畔。

群有即萬物也，量謂邊量。緣起事法雖廣多無際，然有名有相，皆屬分限，故云有涯。身子即舍利弗，智慧第一故。滿願即富樓那，辨才第一故。意云：有限俗諦，直令窮滿願之辨才，不能盡談其名；極身子之智慮，不能徧知其狀。故涅槃三十五云：「我往一時在耆闍崛山，與彌勒菩薩共論世諦，舍利弗等五百聲聞於是事中都不識知，何況出世第一義諦？」

況夫虚無之數妙，重玄之域，其道無涯，欲之頓盡邪？

虚無重玄，擬老書爲文，謂涅槃也。有涯之數令智辨之人尚不闚其畔，無涯之真使三乘衆生欲令頓盡，豈能爾邪？譬乎九層之臺不可躐等，萬里青冥頓欲階升，於道未許故。

書不云乎：「爲學者日益，爲道者日損。」爲道者，爲於無爲者也。爲於無爲而日日損，此豈頓得之謂？要損之又損之，以至於無損耳。

例引老書，論主於中間而釋之，以喻漸斷之理。如見前見後之節級，性宗相宗之位次，寄位斷惑，皆此理也。

經喻螢日，智用可知矣。

放光第二云：「舍利弗，譬如螢火虫不作是念言：我光明照閻浮提，普令大明。如是，舍利弗！諸聲聞、辟支佛亦無是念言：我當行六波羅蜜，具足十八法，成阿惟三佛，度脱衆生。舍利弗！譬如日出遍照閻浮提，莫不蒙明者。如是菩薩行六波羅蜜，具足十八法，成阿惟三佛，度不可計一切衆生。」

譏動第十四

九折之七也。譏，諷也，亦詰難之謂。前斷惑、證理、損益等皆動，故論文雖别引經以辯，然意中含有前旨。如下云既以取捨爲心，損益爲體，豈非盡惑、證理之動也？所以譏動者，欲明動而常寂，寂而恒動，無住之行，事理雙修。不爾，奚證無住涅槃之果？

有名曰：經稱法身已上，入無爲境，心不可以智知，形不可以象測，體絶陰入，心智寂滅。而復云進修三位，積德彌廣。

方廣分中共示菩薩入地，心證真如，離分别故智不知，以法爲身故象弗測。至七地中身心無相，如何復進後之三地？焉非其動乎？

夫進修本因於好去尚，積德生起於涉求。好尚則取捨情見，涉求則損益交陳。

初二句推因，謂心有好尚於後位，所以進修其勝分；身有涉求於衆德，所以復出於自分。次二句顯其過患，取後捨前，損障益德，皆分別之動。

既以取捨爲心，損益爲體，而曰「體絶陰入，心智寂滅」，此文乖致旨殊，而會之一人，

以此四者身心兩現，如何乃云體絶云云？文義既殊，動静互戾，會屬於儒童一人如何？

無異指南爲北，以曉迷夫也。

南喻動，北喻寂。經中云寂云動，令人服行。既二理相違，如何準的？譬之欲北而反指南。若今謂寂而反示動，何以令迷夫行人曉解邪？南北喻動静者，南爲朱明故喻動，北爲玄冥故喻寂。

動寂第十五

十演之八也。法身已上行行合真，即相無相，焉有動而不寂，寂而不動邪？今標動静不云寂動者，以問中但譏其動，意謂動則違寂，不知動時全寂，故云動寂。然稟實教之行者悟理起行，不揀凡夫，況七地乎！演此顯無住之因，方契無住之果矣。

無名曰：經稱聖人無爲而無所不爲。

放光二十四云「佛言適無所爲故，行般若波羅蜜」等。無爲，寂也。無所不爲，動也。寂不妨動故。無爲，故雖動而常寂；無所不爲，故雖寂而常動。雖寂而常動，故物莫能一；雖動而常寂，故物莫能二。物莫能二，故逾動逾寂；物莫能一，故逾寂逾動。

初四句相躡，顯動寂無違。次四句顯二法非一非異。後四句躡前，釋成二行雙流。

所以爲即無爲，無爲即爲，動寂雖殊，而莫之可異也。

承前三對之文，一致已明。此但結成前所引經，通答進修之動。既爲即無爲，如何進修三位一句屬動？

道行云：「心亦不有，亦不無。」

即彼經初卷中文。據前問中，身心各説，以進修是取捨之心，積德是涉求之身。今答中，初答進修，引爲不爲之文，意復屬身以運，行由身故。今答積德，而却引心亦不有之文，意以涉求豈非是心？大底行由身運，身由心策，身心相應，互舉皆可。況法身菩薩證心成身，未嘗宛異，不惟動寂無殊，亦乃身心一致。

不有者，不若似有心之有；不無者，不若無心之無。

義如下釋。

何者徵？有心則衆庶是也，無心則太虛是也。衆庶止於妄想，太虛絶於靈照。豈可止於妄想，絶於靈照，標其神道，而語聖心者哉？

衆庶謂凡夫。初二句指體，次二句彰過，豈可下正揀。

是以聖心不有，不可謂之無；聖心不無，不可謂之有。

爲斥二見故，言非有非無。豈可聞説非有，却計是無等？謂者，計謂之謂。

不有，故心想都滅；不無，故理無不契。理無不契，故萬德斯弘；心想都滅，故功成非我。

初二句離過，次二句證理。次二句，初由契理，恒沙佛法一一隨理周遍法界。後二句，由心想滅故，功皆無相，無容我證我爲，如何乃云積德起於涉求哉？

所以應化無方，未嘗有爲；寂然不動，未嘗不爲。經曰：「心無所行，無所不行。」信矣！

答問至此，大理已明，前結後證，文皆可了。所引之經亦義引大品等，如無作品云「菩薩行般若，不行色，爲行般若；不行受想等，爲行般若」等。自此已下廣會教理，旨不異前。

儒童曰：「昔我於無數劫，以〔一〕國財身命，施人無數，以妄想心〔二〕，則〔三〕非爲施也。今以無

〔一〕「以」，肇論校釋（中華書局）本無。
〔二〕肇論校釋（中華書局）本「心」後有「施」。
〔三〕「則」，肇論校釋（中華書局）本無。

生心，五華施佛，始名施爾。」又空行菩薩入空解脱門，方言今是行時，非謂證時。

智論第十六云「我於無量劫中，頭目髓腦以施衆生，令〔一〕其願滿，乃至慇懃精進求此功德，欲具足五波羅蜜，我是時未有所得。見然燈佛，以五華施佛，布髮泥中，得無生法忍，即時六波羅蜜滿」等。釋曰：七地已前智相未盡故，三輪未或全空，住相行施，非真施也，以不順真故。施既如此，戒等皆然，舉一例諸也。至無相地，智相已亡，無生又證，施無所住，冥然契真。施雖五華之尠，勝前身命之多，蹄涔海量，何敢相望！施華之緣如本行經。又空行下，放光二十略云菩薩行空、無相、無願三昧等，今正是行五波羅蜜時，非是證時，皆顯動寂無妨。

然則心彌虚，行彌廣，終日行，不乖於無行者也。

謂行行忘相，動而恒寂。

是以賢劫稱無捨之檀，成具美不爲之爲，禪典唱無緣之慈，思益演不知之知。

梵云檀那，此云布施。賢劫經説，一切諸法無有與者，是曰布施。成具經云：「不爲而過爲。」禪經説：「慈心三昧有無緣之慈。」思益經略云：無取捨之知，方爲知矣。

〔一〕「令」，大正藏本作「合」。

聖旨幽〔一〕玄，殊文同辨，

文雖四異，旨則一貫而玄通。

豈可以有爲便有爲，無爲便無爲哉？菩薩住盡不盡平等法門，不盡有爲，不住無爲，即其事也。

初二句責其動静異見，「菩薩」下引經顯理。净名經略云：上方香積世界菩薩欲還本國，向佛求法。佛言有盡無盡解脱法門，汝等當學云云。如菩薩者不盡有爲，不住無爲。彼疏解云：「有爲雖僞，捨之而大業不成；無爲雖實，住之而慧心不明。」即其事者，同前動寂無礙。若有無異見，豈順經義？既云平等，則盡與不盡，其行一也。

而以南北爲喻，殊非領會之唱說。

領謂領納，會謂契會。雲庵云：「南北之方定異，寂動二行常一。將定異喻常一，豈能領會也？」

〔一〕「幽」，肇論校釋（中華書局）本作「虚」。

窮源第十六

九折之八也。窮謂窮討，源謂根源。雲庵云：「由前章已知一乘正行動寂同時，今則行成必證。」未識能證之人與所證之法，誰先誰後？隨一爲源，二俱有過，故今窮之。

有名曰：非衆生無以御控進三乘，非三乘無以成涅槃。然必先有衆生，後有涅槃，

反顯也。意云：由先有衆生，然後控御三乘之因，證涅槃之果。此立理也，「然必」下定先後。

是則涅槃有始。有始必有終。

有始終生滅之過，何故前引經云「無始無終」？又云「六趣不能生，力負不能化」？

而經曰「涅槃無始無終，湛若虛空」，則涅槃先有，

本經二十一云「涅槃非始非終」等。虛空爲喻，在經多有。

非復學而後成者也。

有不因修成之過。涅槃既先，則性自圓成，非由修學而後成就，何須行三乘之行邪？

通古第十七

十演之九也。通，同也。古，先也。意云：涅槃之體，性出自古，無始無終。今三乘之智本是即理之智，

不證則已，證則冥通，何有即理之智證即智之理，尚分今古之異而不通同？故生公云：「若尋其趣，乃是我始會之，非照今有。照不在今，即是莫先爲大。既云大矣，所以稱常。」故下云：理而成聖，聖不異理。演此明證窮自性同自性也。

無名曰：夫至人空洞無象，而萬物無非我心造，

聖人與理冥一，故云無象。「萬物」下，心雖寂然，亦不離諸法，以一切法皆心所起。

會萬物以成己者，其唯聖人乎！

會，證會也。聖人了法即心，前則依性起相，此則會相歸心，所以成聖。楞嚴經云：「一切衆生從無始來，迷己爲物，失於本心，爲物所轉。若能轉物，即同如來。」雲庵云：「昔石頭和尚讀至於此，遂豁然大悟曰：聖人無己，靡所不己。法身無相，誰云自他！圓鑑虛照於其間，萬象體玄而自現。」

何則徵？非理不聖，非聖不理。理而成聖者，聖不異理也。

初二句明心境互成。若不證於萬物性空之理，何以成聖人？若非聖智，亦不見性空之理。此則同前般若論中內外相與而成功。後二句明心境非異。初一句躡前，既證理爲聖，聖智豈異於理邪？此明聖智與理通同，顯無古今先後之異。

故天帝曰：「般若當於何求？」善吉曰：「[一]不可於色中求，亦不可[二]離色中求。」又曰：「見緣起爲見法，見法爲見佛。」

初文即大品散華品文。般若即能證之心，色即所證之境。舉色例諸，萬法皆然。不可於色中求者，由心境非一故；不可離者，由心境非異故。以色即是空，空即如境，如外無智，故言不離。「又曰」下，即涅槃文。緣起即十二因緣也，法即空性，佛即覺智。見緣起性空之理，即爲見佛，如智非異。

斯則物我不異之效也。

物即境也，即物明如故；我即心也，約聖稱我故。畢竟證會，涅槃非先，三乘非後。

所以至人戢玄機於未兆，藏冥運於即化，總六合以鏡心，一去來以成體。

前引聖教，以明理智冥符，二而不二，以爲定量，方明至人以智契理，亦寂然冥通。戢，止也，亦斂也。玄機，智也。未兆謂智證理時，全用歸體，不存朕兆。清涼大師云：「智體無自，即是證如。」冥，寂也，運，動也，即如智之合稱。化謂萬化。即，就也。意云冥運之體即萬化之有。事顯理隱，義言藏也。清涼大師云：「冥真體於萬化之域。」六合謂俗諦之有。以，用也，謂總恬六合之事，以爲靈鑑之心，未有一法非心也。「一

[一] 肇論校釋（中華書局）本有「般若」。
[二] 「可」，肇論校釋（中華書局）本無。

去來」下，去謂過去，即古也。來謂未來，亦義兼現在今也。既混融三世爲體，何古而弗通？前則統六合遍十方，此則該三世通今古。成體者，且約聖智初真俗融，心境會，義言成爾。圭山云：「無去無來，冥通三際。」問：佛用蘇漫多説，論主何以文爲？答：方便善巧，逗華人之機。故封文之流謂言同俗。贊寧嘲其用文，慧達解其孟浪。以子愚瑣，頗求立言之意，如達師不害於文矣。故今定解，但用内義而釋雅言，令知論主文托於彼，義屬於此。

古今通，始終同，窮本極末，莫之與二，浩然太均，乃曰涅槃。

顯前心境冥寂之體也。初句中約終教辨，如大疏云：「心冥至道，混一古今。」約頓教則一念不生，前後際斷，何古何今？依圓教則古今二相即入圓融，尤見通也。次句以始終同故，三乘涅槃初證非始，證極非終。本末即理事，海波一濕故。浩然謂浩浩然廣多無際。太均謂情非情無差，染非染平等，未有一法非涅槃也。

經曰：「不離諸法而得涅槃。」又曰：「諸法無邊故，菩提無邊。」

「又曰」下，放光三十云「諸法無邊際故，般若波羅蜜亦無邊際」等。引此證理智皆依諸法，即顯心境不異也。二文互影，細尋可知。

以知涅槃之道，存在於〔二〕妙契。妙契之致，本因乎冥一。

〔二〕「於」，肇論校釋（中華書局）本作「乎」。

以知者，依經求理，理自昭著，貴於妙合。妙合之旨，因乎忘智内冥，二而不二，一亦遣矣。此文亦通包前義，智會之時通於古也。

然則物不異我，我不異物。物我玄會，歸乎無極。

如智玄寂，寄言無極，非别有處如智歸矣。

進之弗先，退之弗後，豈容終始於其間哉？

進退約人，先後通約人法。三乘進而證之，非先也，以無前際故；迷夫退而未證，非後也，以無後際故。

天女曰：「耆年解脱，亦何如〔一〕久？」

淨名經説：「舍利弗問天女：止此室其已久如？曰：如耆年解脱。舍利弗言：止此久也。天女云云。」解云：耆年謂身子。耆宿身子所證解脱，豈屬久近之時，故云爾也。

考得第十八

九折之九也。考，稽也，承前不離諸法而得涅槃，因之考稽。盡陰存陰，違教違理，當何得乎？所以最後

〔一〕「何如」，底本、大正藏本作「如何」，據肇論校釋（中華書局）本改。

辨此者，謂從前決擇悟修先後，義意已周，究竟證入最居於後，故今考也。

有名曰：經云：「衆生之性體，極於五陰之內。」又云：「得涅槃者，五陰都盡，譬猶燈滅。」

本經二十九云：「離五陰已，無別衆生。」「又云」下，初二句示衆生之體，五陰即體故。次二句示證相，法喻可知。

然則衆生之性，頓盡於五陰之內；涅槃之道，獨建於三有之外。邈遠然殊別域，非復衆生得涅槃也。

順經而違理也。以能得者，五陰已盡於有內；所得者，涅槃獨立於有外。若云得者，有二違理：一盡陰誰得？二內外懸絶。

果若有得，則衆生之性不止唯於五陰；必若止於五陰，則五陰不都盡。五陰若都盡，誰復得涅槃邪？

存陰順理而却違經。若定許得，餘有二義：一應五陰之外更有衆生之性。五陰令盡，陰外之性令得，故今論云：「果若有得云云。」二恐違以前經云極於五陰，豈許陰外更有生性邪？若此應合五陰不都斷盡，或盡麤存細，或滅色存心爲能得者。必若都盡，誰是能得邪？故論云：「必若止於五陰云云。」此理已通，亦違前經云五陰都盡。據此存盡皆違，不可不考。此意明三乘之教斷盡生死，轉得涅槃，不知二際無二，故假此問答，令悟即妄而真。

玄得第十九

十演之十也。前演證窮，此演得妙。不存得相而得曰玄。

無名曰：夫真由離起顯，僞因著生。著故有得，離故無名。

忘得曰離，涅槃從此而顯。有得曰著，名相從此而生。無名者，猶云無得，對前避文。亦可由離故，得無名之理。

是以則法真者同真，法僞者同僞。

法真離得，智亦真矣。依僞生著，心念妄矣。

子以有得爲得，故求得於有得耳。吾以無得爲得，故得在於無得也。

有得者法僞，得亦無得。無得者則真，無得而得也。心經云：「以無所得故，而得菩提。」

且談論之作，必先定其本，既論涅槃，不可離涅槃而語涅槃。若即就涅槃以興言，誰獨非涅槃而欲得之邪？

言隨法起，談真以真爲本，説俗以俗爲根。既談涅槃之體，正當如體而言。涅槃之體彌綸法界，未有一法而非涅槃。若此則本來即是，更何論得？起信論云：「一切諸法畢竟平等，即真即如云云。」

何者徵？夫涅槃之道，妙盡常數，融和冶銷二儀，滌蕩萬有，均天人，同一異，内視不己見，返聽不我聞，未嘗有得，未嘗無得。

初一句標體，次七句辨相，後二句雙絶。常數者，即三世有爲事相等。此總示也，下别列。二儀即天地。萬有者，即緣生萬物。融冶故所以均天人，滌蕩故所以〔一〕同一異，顯自性涅槃無差别之相。「内視」下二句約見聞以辨。眼不循色曰内視。色之性空，空無對觸，故云不己見。耳不循聲曰返聽。聲之性空，空故亡音，故云不我聞。己我皆屬涅槃，知非身外故云己我。「未嘗」下，可知。

經曰：「涅槃非衆生，亦不異衆生。」維摩詰言：「若彌勒得滅度者，一切衆生亦當滅度。所以者何？一切衆生本性常滅，不復更滅。」

本經二十二云：「如來非衆生，非非衆生，以如來即涅槃故。」可義引也。二十九云「衆生佛性不一不二」等。次引淨名，即初卷菩薩品，文亦少别，彼云「諸佛知一切衆生畢竟寂滅，即涅槃相」等。

此名滅度，在於無滅者也。

〔一〕「以」，底本作「似」，據大正藏本改。

生死空華，本來不起，則已滅也。四流陽燄，當相元空，則已度也。

然則衆生非衆生，誰爲得之者？涅槃非涅槃，誰爲可得者？

然則者，因前而起。衆生本滅度，於滅度中能所總非，何爲得相哉！

故放光云：「菩提從有得邪？答曰：不也。從無得邪？答曰：不也。從有無得邪？答曰：不也。離有無得邪？答曰：不也。然則都無所得也？答曰：不也。是義云何？答曰：無所得故爲得，是故得無所得也。」

此以義合集放光上下之文，而成此理，非正文也。大品亦同，三慧品云「須菩提白佛言：世尊，若菩薩修般若波羅蜜，得薩婆若不？佛言：不。不修般若得薩婆若不？佛言：不。修不修得薩婆若不？佛言：不。非修非不修得薩婆若不？佛言：不」等。放光二十四略云「須菩提言：世尊，不住最第一要義，成阿惟三佛不？佛言：不」，乃至云「將無世尊不逮正覺邪？佛言：不也」等。「答曰」已下，放光等經皆是此義。而前四有得，第五無得，皆不許無得而得，始爲玄爾。

無所得謂之得者，誰獨不然邪？

無得而得，正由冥通。冥通之道，體遍一切，故楞伽經云：「以知衆生本來而入涅槃。」誰獨不得，此則本來得矣。而前云捨陰存陰，謂內謂外，如是分別，非爲正問。

然則玄道在於絶域，故不得以得之。妙智存乎物外，故不知以知之。大象隱於無形，故不見以見之。大音匿於希聲，故不聞以聞之。

此有四對，皆上句示體，下句辨得。初二對約心境。玄道，境也。絶域，事之外也。妙智，心也。皆非俗故，故云物外。下二句可了，但約境言得，約心言知。後二對約相名以〔二〕辨。大象非相，不存相以見，然後真見，存相則不見也。大音非聲，不循聲以聞，然後普聞，循聲則不聞也。是故離朱外馳而不得，只爲無形；觀音返聞而圓通，良由即性。願諸達士，勿循形聲。

故能囊括終古，導開引達示悟群方類，亭毒蒼生，疎遠而不漏。汪哉洋哉！何莫由之哉！

顯涅槃之用也，即出現大用無涯，通前兩科，如是次第者，深有所以。謂初示所得之體，次示證得之門。既非得而得，從得起用，開示衆生，故最後示業用之大。至哉斯論！三語皆善。記録登爲四聖，今古號爲四絶，歷世名德賓而玩之，良有以也。囊括，小變易文，彼曰括囊無咎，謂括結其囊口也，今取包含之義。終古，久也，謂涅槃之體既遍既圓，稱體之用亦彌綸包羅。亭毒，養育也。「疎而」下，謂妙用無形，義如疎遠，然應機之道未嘗遺漏。文借老書，彼云：「天網恢恢，疎而不漏。」汪、洋，歎用廣大。

〔二〕「以」，底本作「名」，據大正藏本改。

故梵志曰：「吾聞佛道，厥其義弘大深，汪洋無涯，靡無不成就，靡不度生。」

即八師經梵志闍旬歎佛之言，正取化生之用爲證。

然則三乘之路開，真僞之途辨，賢聖之道存，無名之致顯矣。

九折之義皆三乘也，十演之談皆一乘也。以一乘之實，開三是權，令捨小入大，引權歸實，正同法華「開方便門，示真實相」。無名爲真，有名爲僞。「賢聖」下，準表中諸家談義諦廓然無聖，今論聖人證體起用，賢哲倣之。儒童證涅而進修，空行入空而起行，豈曰無邪？故云存。本演無名以作論，故十演之文以釋有名之執。執既喪亡，本致自顯。分文結會，恐入局見。

肇論新疏卷下終

中外哲學典籍大全·中國哲學典籍卷

已出版書目

《讀禮疑圖》,〔明〕季本著,胡雨章點校。

《王制通論》《王制義按》,程大璋著,吕明烜點校。

《關氏易傳》《易數鈎隱圖》《删定易圖》,劉严點校。

《易説》,〔清〕惠士奇著,陳峴點校。

《易漢學新校注(附易例)》,〔清〕惠棟著,谷繼明校注。

《春秋尊王發微》,〔宋〕孫復著,趙金剛整理。

《春秋師説》,〔元〕黄澤著,〔元〕趙汸編,張立恩點校。

《宋元孝經學五種》,曾海軍點校。

《孝經集傳》,〔明〕黄道周撰,許卉、蔡傑、翟奎鳳點校。

《孝經鄭注疏》《孝經講義》,常達點校。

《孝經鄭氏注箋釋》,曹元弼著,宫志翀點校。

《孝經學》,曹元弼著,宫志翀點校。

《四書辨疑》,〔元〕陳天祥著,光潔點校。

《小心齋劄記》,〔明〕顧憲成著,李可心點校。

《太史公書義法》,孫德謙著,吴天宇點校。

《肇論新疏》,〔元〕文才著,夏德美點校。

更多典籍敬請期待……